大展好書　好書大展
品嘗好書　冠群可期

大展好書　好書大展
品嘗好書　冠群可期

仙道

帝王招財術

賴郁珊 編譯
陸　明 整理

品冠文化出版社

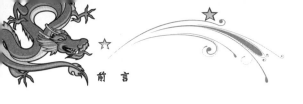

前 言

最近理財投資的話題甚囂塵上。整個社會中，幾乎不分男女老幼，大家都爭先恐後地投身於追逐錢財利益的金錢遊戲之中。

事實上，真的能夠獲得財神青睞的人，只不過是少數幾人。據說，日本人的儲蓄金額，平均每人高達一千萬日圓，可是據了解，絕大多數的人都很困惑不解地互相詢問：「怎麼可能有這一回事呢？」

鄙人在不久之前也正是屬於那些滿腹疑惑，絲毫不獲財神爺眷顧的族群中人。

可是，如今一夕之間，風轉水改，突然間錢財卻朝我口袋滾滾而來。為什麼？

我並沒有去趕流行，鑽研那些什麼理財秘訣。

今天致使我突然致富的無它，簡單地說就是仙道。我把仙道的術法稍微運用到賺錢上而已。

果然，我只不過是費了一點功力小試一下，不知不覺中，錢財就滾滾而來。

後來我索性就把這一套秘訣提供給那些同我一樣成天就知講求仙道而貧寒的道友，要他們也試試看。結果，百試不爽大家都成了有錢人。

當然，我們所招聚的錢財是以合乎個人本分的需要為上限的，對熱衷於金錢遊戲的人來說，或許那並不能博其一顧。

不過，我們的想法是，只是為了要攫取更多的錢財而把自己搞得精疲力盡，那樣的人生將多沒意義。

或許人賺錢只不過是為了想要讓自己能夠任性而為，喜歡做什麼就做什麼。可是，從這種觀點來說，這種只要修練仙道，用不著做太多的勞動，就能取得錢財的生活方式，不是很具有魅力的嗎？

「仙道帝王招財術」是從仙道的立場來闡明賺錢的意義，而使投身此道中人能似古代帝王一樣無憂無慮、快樂、舒適地過生活。

招財聚寶的意義在於不人云亦云。別人的生財之道並不一定適用於自己。而這套仙道的招財術，運用之妙完全存乎個人之心。因此，這不啻是招財聚寶的最高秘笈。

本書是以有心鑽研仙道或希望自己能有類似神仙一般，悠哉悠哉過生活的為對象。其中所介紹的各種方法訣竅，也可以應用在一般的理財方法上，招財聚寶指日可待。

序章是述說，以前光知修練仙道而赤貧如洗的我，如何一夕之間與錢財結緣的始末。其中將介紹貧寒之人，如何凝聚「財氣」上身的秘訣。

第一章是診斷篇。以人的貧乏實為「氣」之疾病為前提。將人分成與錢財有緣與無緣二類。同時兼論各類別的治療法。

第二章是極意篇。介紹如何個別利用仙道術法，把自己改造成具有招財聚寶之「氣」的人。

第三章是秘授篇。介紹各種使用仙道術法，以招財聚寶的秘訣。即開示實踐性仙道的應用方法。

以上是本書概略的內容，不過本書並不以此為滿足。我亦希望讀者能夠透過招財術的學習，而能夠修練正統的仙道。

然而，不管如何，我真誠地希望本書所介紹的內容，能為您帶來更悠哉而又不虞匱乏的人生。

目錄

序章

仙道招財術的推廣

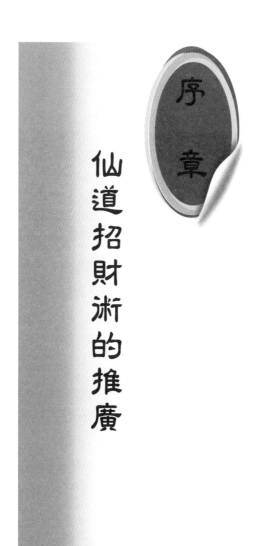

▲從赤貧仙人到富貴仙人的變遷

周遭人稱呼我為現代仙人，這也許是先前寫些與仙人或仙道有關的書籍而得到的虛名。

不過，我倒也不是靠吞雲吐霧就能生活，所以，自己從來沒有身為仙人的自覺。更何況類似宗教家或聖人君子般的生活方式，極其做作而虛假，叫人不敢恭維。

那麼，我到底在做什麼呢？簡單言之，每天徹底實踐不需勞動，錢財就能滾滾而來，生活得悠哉自得。

也許讀者們會懷疑「光說不練有效嗎？」事實上，正因為已經呈現了成果，才令我想動筆寫這本書。

如果讓我把自己這數年來的生活水準的變化，向讀者們稍做說明，大家就能一目了然了。

在幾年前，我在一家「大陸書房」出版社裏，每年只出一本為數僅數千冊的小書，勉強地糊口過日。

像我這種自然食、坐禪冥想的生活，每個月只要日幣二～三萬圓就可以維持生活了。

住的地方也是都營公宅，租金只要六千元左右。飲食方面不外乎麥片加豆腐、納豆，廉價魚配青菜等等。飲食費用只要每個月有二萬圓，就有盈餘了。

至於興趣方面，只愛冥想與夢想，費用幾乎等於零。由於收入和貧戶幾乎一樣，所以，稅金也免了，生活得可說是清淡無慮。

但是，自從一九八三年間在「學習研究社」投稿之後，我的生活產生了急遽性的變化。因為一九八四年出版了《秘法！超級仙術入門》時，銷售盛況空前。竟然在一刷的付款中就收到一百萬圓以上的版權費。

附帶一提的是，在大陸書房一刷的版權費，只有三十萬圓左右。一刷就有一百萬圓的數目，對我而言簡直就是驚奇。

總而言之，似乎是《秘法！超級仙術入門》這本書解動了財神爺，此後各家雜誌社的工作紛降而至，忙得真是不亦樂乎。

到一九八五年左右，在那陣寫作最繁忙時期，不僅是『學習研究社』，還有『TAMA出版社』、『旺文社』、甚至連『MOMOKO』、『壯健LIFE』、『微笑』等雜誌上也稿件不斷。

至於『學習研究社』方面，在其雜誌上每月都有特輯稿約——大約原稿四十~五十張——，更厲害的是曾經在同號雜誌上連寫二本特輯。

總而言之，由於這麼多稿件要寫，收入當然急遽地增加了。除了儲金數目連進好幾位數之外，生活形態也大大地改變。

在大陸書房出書的那個時期，花了二個月左右寫完一本單行本之後，其餘的十個月就是一段空白，每天就沈迷在冥想、氣功法、武術、讀書及喜好的語學研究中。如果有意外的收入時，就到國外放浪一、二個月，生活得優游自在。

但是，身上的錢越來越多時，時間幾乎沒有了。縱然有空，也必須為了構思下次的文稿，而與人會面或調查資料。

當然，成了有錢人之後，和以往的粗食淡飯迥異，可以享受美食佳餚，隨心所欲地購買喜愛的東西。但是，冥想、氣功法的時間已經受到剝削，到國外放浪也變成了夢想。

到了這個地步，我開始認真地思考起來。因為，造成如此異常地忙碌及財富的，並無其他，而是我個人身具的精神力量。

▲「虛無」是超能力的泉源

老實說，開始這麼忙碌的生活，是起於一九八三年我想要三年內擁有自己的「窩」的念頭。

首先，為了購屋需儲備大約一千萬圓的資金，於是，我不停地向自己的精神意志施力，頻頻地默唸「工作快來，工作快來」，並使用仙道的引「氣」法，專注地引工作上門。因為筆者當時認為必須有許多工作，才能財源滾進。

對仙道毫無概念的讀者，在此附帶一提的是，像我們練就仙道的人——做氣功法的人也一樣——對於謎樣的「氣」是感覺得到的。而且利用這種感覺，可以引發出許多奇妙的結果。

總之，引「氣」之後的效果奇佳，工作不停上門，不到三年的時間，就存下了目標中的一千萬圓。

以這一千萬圓為頭期款，在一九八六年，真的就在東京的新宿及中野，買下二間大廈中的房子。因為不動產業者說：「現在先買下來是好機會哦！」

到底二間房子的分期付款負擔大，中野那一間不久即轉賣掉，而使新宿那一間的借款鬆緩了不少。後來碰到地價的狂飆，新宿那間房子現在若是賣了，可是一大筆數目了。

當然，購買房子只是我的精神力量（超能力）的一小部分而已，其價值對我而言並不太重要。倒是這個過程的始末較具意義。

本來，赤貧如洗的生活中「我即是人生」的我，開始產生了物慾上的興趣，是進入了深奧的冥想世界之後，大約是年屆三十二～三十三歲左右。從二十年代中期開始的仙道，漸漸進入精深的階段，而且已經到達了最終的局面。

在此稍做簡單說明，仙道是由「命功」及「性功」所構成。所謂命功，是練「氣」，並控制其運行的階段。譬如小周天或全身周天就屬於命功。

命功，換言之是察覺「氣」的存在，並使之漸漸增強的階段。而性功是意識之行，可比擬做冥想法。

此二者會合的階段，稱為大周天或出神，是指在冥想中會瞧見內在的光，或者覺得自己從自己的肉體中逸出等現象的發生。

這個階段再深奧一點時，會變成冥想中的世界一切皆無的狀態。那是個奇妙的狀態，肉體的感覺盡失，既無上界或下限，好像處在均一的絕對性空間中一樣。

當然，眼前所見的，連內在的光也沒有了，不過，卻一點也不灰暗，也不明亮。只是腦中沒有任何意識浮現，什麼也聽不到，而心平氣和地，感覺彷佛置身於一處靜止的空間裏。

這個階段，是我們所謂的自我消失的階段。但是，還殘留著一點感覺到虛無的某種意識。

當自己察覺到這個事實時，又會猜想這種感覺若是消失了的狀況，如此反覆之下，就使「自我消滅」之行——在仙道中稱作「還虛」之行——愈行愈深。

結果，突然有一天和奇妙的景物相遇。它會突如其來地出現在視覺上。

在「自己消滅」之行中，本來是看不到一切的形象，但是有如綿延不斷的黑暗深淵般的東西，卻栩栩如生地顯現在冥想中——當然是閉住雙眼——的自己身側。

同時，有如無聲般的聲音，會突然地遍佈全意識之中，並對自己如此地訴說：

「越過這條深淵，你就已經不是自己了」「你的姓名、肉體、甚至連過去的記憶，都好像不再是自己的了。當然，即使碰到了朋友或親人，也彷彿是互不相干的外人」「怎麼樣？……要過不過全在你自己。」

聽到這些話時——應該說是感覺到——會突然地湧現日常的意識。

「等一等，還有許多沒做呢！至少讓我變成富翁一次，在世上留下一點好名聲、找一個好對象、多吃一些好東西，讓我完成這些心願再做吧！」

這樣回答後，就從那條黑暗深淵逃脫得不見蹤影。

從此之後，再怎麼冥想，再也無法達到上述的境界。相反地，現實中的運勢就突然地豁然開朗了。

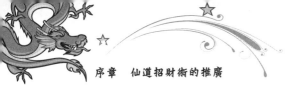

以前，根本和金錢運、成功運、交友運的任何一種都搭不上線，但是，現在只要腦中有這些念頭，就能夠輕易地達成願望。

交友運（男、女運）最快，一想到這把年紀也該結婚了的時候，即使以往一點異性緣也沒有，就會有二～三名異性出現在我的眼前。

而且，和其中長得最漂亮的女子終於交往甚至同居，已經到了論及婚嫁的地步。

不過，二年之後，自己覺得不再需要異性時，卻也沒有任何糾紛就和該女子分手了。

其次是有了留下一點名氣在世上的念頭，於是立刻就在偶然的機會和『慕』雜誌的總編輯攀上關係。我的著作內容不外乎是冥想或仙道，所以，這次的遇合對我而言是遇到了知音。

我倆一拍即合似地，就決定發行單行本的構想，而促成《秘法！超級仙術入門》的問世。這本書瘋狂地暢銷——創刊後立刻增加至二、三刷——，於是金錢就滾滾而來。

行情如此看俏之後，為了一掃年輕時代的赤貧相，就想成為有錢人，在市中心擁有自己的辦公室。結果，工作就接連不斷地來，如前所述的，只花了三年的功夫就達成願望。

不過，由於工作繁重，我真的忙壞了。不僅是肉體上負擔不起，連精神上也產生了排斥感，我的創作慾望簡直枯竭了。

到了這個地步，我突然想到。

「利用精神力量（超能力）默禱工作快來，是因為需要錢的緣故。以平常的觀念來看，想利用這種方法獲得金錢，簡直是異想天開。既然是異想天開，就不必祈求工作快來，只要求金錢滾滾而來就行了！」

如此一想，立刻就試著這般運用超能力祈禱。

結果，似乎是受到我的念頭牽制似地，單行本的銷售狀況急速地增加。以往我在大陸書房出了六本書，『夢』出版了一本，而在『學習研究社』，陸續出了《秘法！超級仙術入門》、《超人氣功法》、《秘術！超能力氣功法奧義》、《改變你的夢術入門》（共著）、《奇蹟的超能力》等書，每一本書都相繼地增刷，似乎不必太花心思寫作，錢就順利地滾進帳戶來。

尤其顯著的是，《超人氣功法》發刊之後，正是我產生以上念頭後不久。由於這本書的銷售狀況極佳，各出版社紛紛前來邀稿，其結果又增加了許多的再刷佳績。

非但如此，也有演講或指導——錄影帶及其他——方面的許多工作，這些都增加了我不少的收入。

剛開始的演講酬勞，只有二～三萬圓而已，覺得不划算而婉拒時，竟然跳升到十萬圓以上。一～二個鐘頭的演講，就有這般的收入，在以往一貧如洗的時期，簡直難以想像。

因此，一九八六年度僅靠二本單行本和『慕』雜誌的二本特記事，就和一九八五年度的收入相當了。

到了一九八七年度，更輕鬆地僅以一本單行本及二本特輯記事，就與去年同樣的收入。實際的勞動時間，只有四個月而已。因此，這一年從八月份之後，每天就悠哉地過日子。

而現在可真的是翹起二郎腿，每年只要工作二個月左右，就有平常人以上的年收入了。

提到這個獨特的精神能力，在讀者眼中也許認為從事仙道的特殊人物，才可能達成的特殊成果。其實，這是非常大的誤解。

因為往後我把這種奇妙的方法做成體系，叫許多人試著做看看，不論是誰都發生了與我同樣的神奇結果。

當然，每個人的職業不同，所處的立場也不一樣，因此，其呈現的方式也因人而異。但只要是應用本書所介紹的要領的人，都能抓住財神爺發一筆大財。而且是不費九牛二虎之力。

譬如，有位學生因為利用了這套技巧，不用工作也賺進了好幾十萬圓。

一名住在名古屋的打零工青年，只不過二十歲出頭而已，卻活用此法，在三個月內存下了一百萬圓的巨款。

一文不名的人都有這樣的成果，至於事業有成者，更不用說了。憑著一身的年輕活力，以精神能力讓工作接踵而至，當然就有高過平常數倍，乃至數十倍的收入了。

當然，以我們這等從事仙道想過逍遙生活的人看來，這些年輕事業家們的工作幹勁，只能說是——辛苦了——「像我幾乎是不工作的」。

不過，在一般的事業家眼中，這些人似乎是不工作就能賺大錢的，因為這些成果都是每天練就仙道的空暇所達成的。

▲仙道帝王招財術其目的是自由的獲得

筆者認為從事仙道的目的，為的是獲得最大的自由。在現代社會若提及自由，也許會被人譏笑為馬後炮，但是，仔細想想在這世上到底有多少人真正擁有自由呢？

的確，自由幾乎已經成了氾濫的名詞。所謂職業選擇的自由、戀愛的自由、言論與思想的自由、賺錢的自由、行動的自由，甚至連婚外情、墮胎都有人高唱自由，所有的事物到處充斥著自由的聲浪。

但是，若說這種程度下的自由是真正的自由，倒令人不免懷疑。因為這些事情只是言詞上的自由而已，並非真正的自由。

譬如，進入所中意的公司的自由，到名氣好的學校參加入學考試的自由、追求所愛的異性的自由，這些看起來雖然都冠上自由的名詞，但是，全都只是闡述權利行使的自由而已，並不能自由地隨心所欲。

換言之，這些都是言詞上的自由，是否真的是自己的自由，則要依賴對方或運勢而定了。這種自由稱得上是真正的自由嗎？

也許對於極其平凡地過日子的人而言，所謂自由，就是在公司所贈予的些微空暇裏做喜歡做的事，或者拿著公司所支付的少許金錢，買一點還負擔得起的東西。

對普通人來說，自由也許就是這般程度而已。

如果您不以為然，而覺得自己正享受著自由的話，就請回答下面的問題。

①你可以依自己的願望，毫無限制而自由地向公司告假嗎？

②你可以每天都和自己喜歡的人來往，而從不和討厭的人打交道嗎？

③你每天都只做自己喜歡做的事嗎？

④你不必太多的勞動，就能在必要之時，有大鈔可花嗎？

⑤你可以光憑想像就達成願望嗎？

如果對以上的問題，能有二個以上的肯定回答時，你的生活可以說多少有點類似神仙了。

若是肯定的回答有三個以上時，那麼你是有點仙人的神力。假使，五個答案全是肯定，你簡直就是不折不扣的仙人，這本書可以不必看了。

反過來，若是一個肯定的回答也沒有時，最好不要濫用自由的字眼。因為你只是被自由的言詞玩弄著而已，並沒有真正地獲得自由。

對人類的真正自由開始解剖的，並不是筆者，而是中國的老子及莊子。

老莊二大哲人，是眾所周知的道家思想的創始者。事實上，老莊的思想，正是我要在本書所闡述的仙道的根本。

老莊思想看似深奧難解，其實非常簡單，一言以蔽之就是要人「成為真正的自由人」。

那麼，什麼是真正的自由人呢？是指脫離世俗的一切束縛——狹隘的常識、社會上的拘束——同時也從命運、生死或宿命論中超然而出的自由人。換言之，就是從所有的事物中獲得自由的人。

而所謂仙道，正是為實現成為自由人的捷徑。

那麼，怎麼樣才能變成真正自由的人？關於這一點，老莊有此一說。

「人之所以無法成為真正的自由，是沈溺於美醜、賢愚、名聲及污辱、貧富、自己與他者，甚至由生死互相對應所構成的世界之中所造成的。能夠超越這些羈絆，才是成為自由人之道。」

簡言之，就是脫離世俗的常識、拘束，甚至價值觀，才是成為自由人的先決條件。

事實上，世俗的常識、拘束以及價值觀，才是帶給人不自由的最大障礙。

譬如，好的公司、企業都喜歡採用出自名門學校的畢業生。原因是好學校畢業的學生絕對是優秀的這種世俗常識、價值觀的判斷而來。

連選擇異性的標準，也出自同樣的道理、譬如，學歷要高、薪水要多、外型要好……等等，而對於該人的好壞卻在評價的範圍之外，而只管以這些價值觀來判斷。

如果有人正符合這些價值觀，對其人生倒也無所影響，但是，如果偏離這些價值觀時——我想這是絕大多數的人——，就要一生背負著不自由了。

不過，符合這些社會價值觀的人，在其他方面也不見得全能獲得自由。要談得上萬事自由無阻的，大概是古代的君主、皇帝吧！

但是，對皇帝而言，除了物質方面的事物之外，其他幾乎是毫無自由的。精神上的煩惱或迷惑，侍醫也治不了，甚至到了老死尚無法解開其心中的結。

所以，古代的中國皇帝，拼命地要道士們煉長生不老的仙丹，為的就是想以時間來解決心中的難題。

可惜的是，仙丹的效果幾乎不見。理由很簡單，在當時的固定觀念裏，總認為只有鉛或水銀——以現代的眼光來看，簡直就是毒藥——才能製造長生不老的仙丹。

可見，人類即使用盡腦筋為自己的自由運籌帷幄，仍然為世俗的常識、價值觀所囿而無法隨心所欲。因此，想要擁有真的自由，只能變成夢想。

老莊雙哲所處的戰國時代，是無法與現代相提並論的悲慘時代，不但飲食成問題，連生存的自由都受到威脅。

面對如此絕望的時代，而想到解決生存之道的，就是老莊。而他們的解決之道，就是如前所述的，超越偏狹又固執的世俗常識、拘束與價值觀。

談到超越（脫離）世俗的一切價值觀，並非只是放棄自己目前所處的立場而已。光是這樣，只會淪為社會的敗類，而陷入更不自由的狀態。

老莊的思想就是叫人要抓住世界的根本原理「道」。而道的原理又是什麼呢。在《老子》一書的第一章裏有一段名句。

「道可道，非常道；名可名，非常名。無，名天地之始；有，名萬物之母。……」

意思大概是「稱呼『道』，就已經不是道了，所謂道是一切所有，因此某特定的事物、現象稱之為道時，道之名就失去其意義。譬如，以天為道，地則非道也，以無為道，有則非道也。無可稱名之物是所有一切的根源，有名之物則為個別的事物及現象了。」

道的根本原理，並不像西洋哲學般，必須動腦筋精研窮究。似乎是在實踐某種神秘之行的過程中所獲得的。

這從《老子》一書中所說的「谷神不死，是謂玄牝。玄牝之門，是謂天地根。綿綿若存，用之不盡」（第六）、「載營魄、抱一……」（第十）等神秘的體驗，以及《莊子》一書中出現的坐忘——無我之行「大宗師篇」、虛室生白——冥想中瞧見光的體驗——「人間世篇」等部分就可以明白了。

事實上，《老子》、《莊子》書中所載諸事，正是我們練就仙道者的體驗。到目前為止，我等仙道的實踐者，都經驗了老莊所記載的神秘體驗。

不過，仔細地分析老莊的思想，雖然所記載的都是超世俗的構想、方法論，但是全體而言並非超俗離世的。

雖然其思想是源自道的理念，卻都以現實世界中的事物為闡述對象。舉凡個人的處世術到軍事（兵法）、政治，甚至有關商業的行為都有記載。

揭示超世俗的仙人之道的老莊，所說的竟然都是現實的處世術？也許有的人會大吃一驚！不過事實的確就是如此。

但是，對於詳知中國仙人的人而言，卻一點也不足為奇。因為許多實踐此道的人，不但是仙人，同時也在現實世界中相當活躍。

譬如，同朝的軍師，以滅殷商而立下偉功的太公望呂尚——他在懷才不遇之時，每天垂釣過日。因此而有此稱號——，此人不但身為仙人長命至二百歲（後來留下衣物失去蹤影），在商人（經濟官僚）一途上也屈指一流。

據說原先受封的領地，鹽水氾濫無可耕種，他卻將此革新發展成隆盛的鹽業，同時又興盛不必受上地好壞所限制的編織、刺繡等產業，以其盈餘建市又與諸國交易，而獲得巨利。

總而言之，太公望呂尚一方面是仙人，另一方面卻在商場上發揮驚人的手腕。

而越國的軍師范蠡，在一般的歷史書上，也以軍師聞名，不過，根據《史記》的「貨殖列傳」中言，他本來是位仙人，不過卻在商場上行商而獲得二次巨利，而每次獲得的暴利都分贈給周遭的人，自己卻不知蹤影了。

另外，以著作《抱朴子》（記載著長生不老仙丹的製作法）而聞名的葛洪，一般人都以為他是隱居在廣東的羅浮山上，製作仙丹的仙人。其實，他也是位有名的兵法家，在石冰之亂中立下大功，被封為伏波將軍。換言之，他和太公望等人一樣，都是通曉軍機的仙人。

再者，有一位名為陶弘景的仙人，是創建上清派仙道之巨大仙道教團的人，卻也是一位了不起的漢方醫學的大家。

不過，這位仙人在其隱遁生活之中，又擔當梁朝——南北朝時代的王朝——武帝的政治顧問參與籌劃一切的國家大事。

只是，天性仙風道骨，對官位頭銜毫無興趣，依然過著隱士的生活。所以，這位人物是對政治通達的仙人。

此外，如漢朝軍師張良、三國時代蜀的諸葛孔明、明朝軍師劉伯溫等，在中國歷史上，不但是出色的軍師、政治家，更是仙人的人物實在不勝枚舉。

總之，遍觀中國的仙人，絕無與世隔絕或成為社會的遺棄兒之類的形象。因為其思想根源的老莊思想，本來就是因應現實的處世術而來的。

坦白說，除了儒教，那個時代的所有思想幾乎都是從老莊思想衍生出來的。

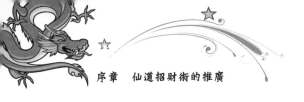

譬如法家創始者韓非子，雖然是接續荀子的儒家系統，卻在其著作中，有全盤記載老子的思想的部分——解老篇、喻老篇——。而且在書中各處明記著：執行法者，必基道的原理而行之。

從兵家中多軍師＝仙人的事實看來，很明顯的這無疑就是老莊思想的再版。《六韜、三略》、《黃石公兵法》等，都是有名的仙人呂尚、張良的著作。

另外，縱橫家——政治謀略法，是仙人鬼谷子傳授給弟子蘇秦、張儀的。

還有所謂雜家的著作《呂氏春秋》、《淮南子》等，雖是以道家的立場來闡述政治及其他諸事，卻也都遵循老莊思想的規範。諸如這些例子已無暇一一例舉。

廣泛的老莊思想之所以浸透人心的理由，已不究自明了。在必須考慮千差萬別的條件的戰爭中，若受囿於偏狹的常識、拘束、價值觀等，會如何呢？不用說會贏的戰爭也會變得全軍覆沒。

國家的營運也是同樣的道理。和平的時代倒無所謂，但是碰到動亂蕭條運到來，國危民慌的時候，若受制於舊有的偏狹常識、拘束、價值觀，可能連明天的命運也難求自保了。

亦即，由於時勢所迫，才產生了使自己成為自由的方法論之老莊思想。以儒教而言，也是在漢朝時代才有其發揮之處。

當然，並不只是國家社會之類的龐大結構才屬於這個範疇。即使是個人的處世方法也與此互相吻合。如果受制於個人所抱持的常識、拘束、價值觀，不但不能功成名就，連自由都難以獲得。

所以，換句話說，所謂仙道思想，就是使人成為頂尖的優秀者，亦即，讓人擺脫所有的束縛，成為真正的自由人的訣竅法寶。

話雖如此，就連我等從事仙道的人，在剛開始也和讀者們所抱持的觀念差不多。

實踐所謂仙道的隱遁之行——即仙人之行，仙道被認為是脫離世間之行——的我們，從來也沒有想過要當富翁。頂多只是希望「窮一點沒關係，只要能過得自由一點」。

非但如此，我們也甚至誤解了仙道根源的老莊思想，以為它是叫人捨棄世間萬物，才能獲得心、魂的自由。

但是，接觸了仙道之後，才慢慢地發覺事實並非如此。因為隨著精神真正獲得自由之後，現實生活也顯見地自由多了，正如先前所提過的，在經濟方面或時間、行動等方面，都體會到自由的喜悅。

因此，不由得讓我重新對老莊思想做一番評價。結果發現其中有許多具體的方法，使人可以在現實的世界中獲得自由。老莊二哲絕對沒有叫人成為敗犬或社會的孤兒，而卻獲得精神上的自由。

達成「自由」的要訣實在繁多而廣泛。因為從政治、經濟、軍事、處世術到生死的超越，其應用範圍無遠弗屆。

不過，這些只要活用我所練就的仙道技法，就可一一迎刃而解。這一點連我自己都非常吃驚。

在本書特別介紹了其中的經濟問題，亦即將如何招來財神爺，使人致富的訣竅公開給讀者。

為什麼只舉招財之道？因為在現今的時代裏，最迅速又便捷地取得自由的就是金錢。

以我個人而言，因為應用這套訣竅，而享受遠勝讀者數十倍的自由。

譬如，我既不需要通勤上班，也不必每天正襟危坐在辦公室裏。當然，也無需和討厭的人打交道。想要旅行，也不用擔心費用、日程，意之所向隨心往之。

至於喜愛的飲食、物品更不在話下，因為一幢房子都可輕易購得啊！

愛什麼時候就寢就什麼時候入夢鄉，想打坐冥想就可立刻施行，每天的生活自在逍遙。

在現今的時代，再沒有比金錢更能迅速地予人帶來「自由」的。而且它同時還賦予人尋求自由——譬如探究生死的問題——的豐富時間。

當然，以老莊的時代和現今的時代相比，可見時代的變遷既速且劇。不過，只要順時宜行就可以了。事實上，我已經開始為了下一個時代——可能是相當激盪的時代——著手準備仙道的另外應用法。這一部分我打算以《老莊生存處世術》（假題）為題出書。

總而言之，萬事根源總為一。為求真自由就必須依賴仙道。而其實際的方法全收錄在本書之中。希望讀者善加活用。

那麼，從第一章開始，就慢慢進入《仙道帝王招財術》的各種秘訣，請讀者們仔細詳讀。

首先是替您診斷，分成與金錢有緣及無緣的類別。若屬於與金錢無緣的類型，則在「類型別赤貧狀態的治療法」中介紹其治療法。

第一章

診斷、治療篇

——分析您的赤貧類型及其治療法

1.財「氣」的陰陽哲學理論入門

看到一臉貧相的人，總覺得其身體狀況和其赤貧的情況有一定的相互關係。話雖如此，並不是說由於該人常生病所以貧窮，該人身強力壯所以有錢。它是有別於一般的健康狀態，從一種與財運相關的「氣」的均衡狀態所呈現出來。

這從觀察許多各式各樣的人所帶有的「氣」就可以明白。而且將這些形形色色的「氣」加以分析，並做類別區分時，便能巧妙地分辨出各人所持有的財氣以及赤貧程度的差別。

非但如此，一旦明白個人所屬的類型之後，若有不好的情況，還可以加以「治療」。

為何不說「修正」而說是「治療」呢?因為它和其他的「氣」的治療法一樣——都是利用同樣的秘訣來調整「氣」的均衡狀態。

而「氣」的類型是根據「氣」的理論而區別的，所以當然以它為根基。而其基本是所謂「陰陽」的二個相反要素。

首先來談談陽（▬）的要素。這是指處於正面的狀態中。以帝王招財術的「氣」的理論來表現時，就是指錢財滾滾而來的狀態。

而所謂陰（╍）的要素，是指事物正處於負面的狀態中。以帝王招財術的理論來表現時，就是一貧如洗的狀態。

如果光是這樣的差別，就不必大做文章。其實，還有其他許多細瑣的別種陰陽要素參與其中。把這些置於所述的陰陽之中，就出現了一套精密的體系。稱為帝王招財陰陽理論的四象展開。

怎麼說呢？因為在陽的狀態下，又分為陽中之陽、陽中之陰；陰的狀態下，又分為陰中之陽、陰中之陰等二個類型。

不過，這到底意味著什麼？讀者可能還是一頭霧水。為了讓您有初步的概念，請在次頁插圖中所提示的A、B二個問題中做一個選擇，並以選擇路線依序做答。

在做這個連線問答時，請務必放鬆心情，誠實地檢討一下您目前所處的狀

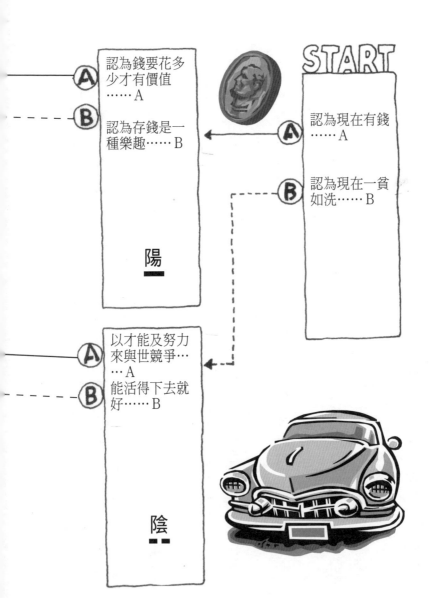

START

認為現在有錢……A

認為現在一貧如洗……B

認為錢要花多少才有價值……A

認為存錢是一種樂趣……B

陽

以才能及努力來與世競爭……A

能活得下去就好……B

陰

陽中之陽

⚌

陽中之陰

⚍

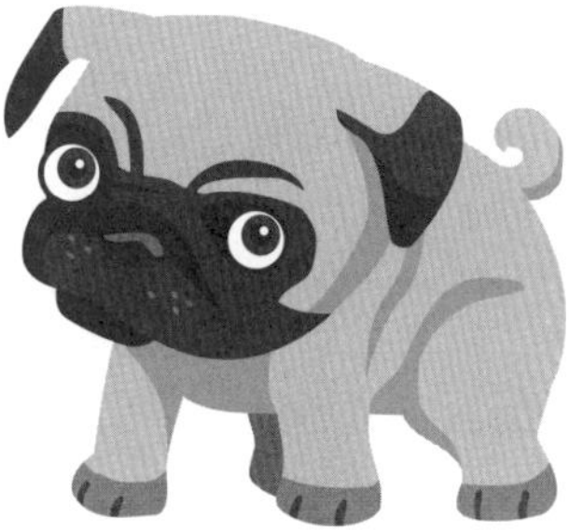

陰中之陽

⚎

陰中之陰

⚏

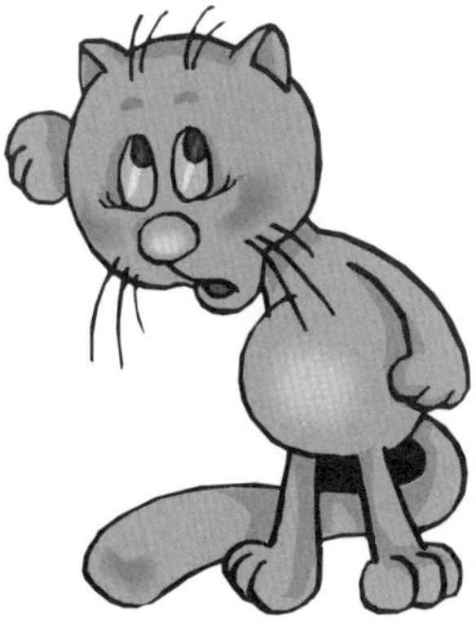

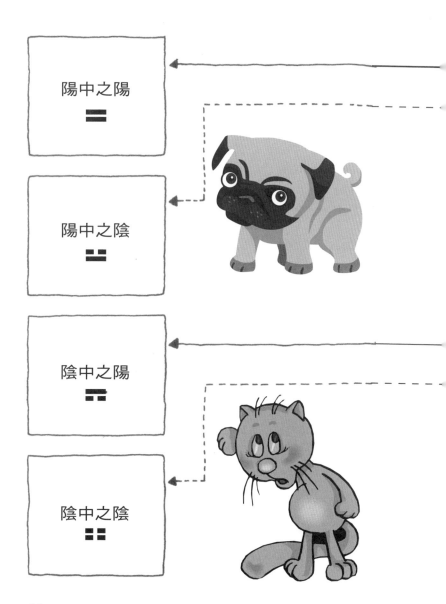

態，在A、B之間做選擇。

否則在後述的赤貧治療法當中，就難以判斷您所適合的治療法，甚至由於選擇實施錯誤的治療法，而招致使您更加一貧如洗的不良結果。

從這個選擇中，可分成四種類型。這正是所謂的金錢陰陽理論的四象展開。您是屬於那一種類型？先看看自己的類型解說。然後，為了更正確地掌握自己的赤貧傾向，也參考一下其他類型的說明。

・陽中之陽——

與金錢有緣，不過花費也多。因為陽、陽之中的後面的陽，是指「氣」朝外的意思。亦即，錢財雖內入也外流的狀態。賺多花多的人就屬於這種類型。

・陽中之陰——

與金錢有緣，而且錢財不外流。換言之，守住錢包者就屬於這種類型，此陽、陰之中後面的陰，意味著「氣」朝內，亦即積蓄、守牢的意思。

・陰中之陽——

赤貧之「氣」過強。即使有財「氣」也會反彈回去。因為處於與金錢無緣的

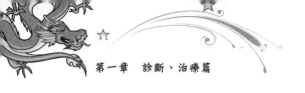

狀態＝陰，而且「氣」勢過強＝陽，氣一定朝外流。

較有才能者或奮鬥不懈的人，多半屬於這種類型。

・陰中之陰──

與金錢無緣，而且氣力不足＝是陰的類型。陰、陰之中後面的陰，是指「氣」朝內發──亦即積存、守牢的意思，不過，赤貧之「氣」朝內發，也積存不了什麼東西，所以，一樣是赤貧如洗。

內外財「氣」皆虛者就是這種類型。它幾乎可以說是所有赤貧的類型。體力、氣力皆弱的赤貧者都屬於這個類型。

而在此陰陽四象中，若再加上一個要素，就等於中國的陰陽哲學中所說的八卦。翻閱《易經》，就知道八卦是三卦由下至上排列而成的。而帝王招財術的「氣」，其理論中的各個要素，如次頁圖所配置。

從此構成了八種類型。您是屬於八種類中的哪一種?從次頁的插圖問答中就可以找到答案。

接下來依序說明這八個類型。

下卦	陽（⚊）	與金錢有緣
	陰（⚋）	與金錢無緣
中卦	陽（⚊）	「氣」往外流
	陰（⚋）	「氣」向內發，或者凝聚於內
上卦	陽（⚊）	下、中卦的狀態強
	陰（⚋）	下、中卦的狀態弱

陽中之陽類型——與金錢有緣但花費也多的類型

陽・陽・陽（☰）……

這是和金錢極為有緣，但是花費也甚多的類型。可以說是「浪費型」。以《易經》而言，是屬於乾卦，即天象的「最高狀態」。這是處於純陽＝一切皆陽，亦即陽氣極盛的狀態，若是行有過之，則可能轉變為陰＝相反的狀態。這種類型的人對金錢的使用必須特別小心。而如此陽・陽・陽之中，其最下方的陽較弱，換言之，錢財並不常進，卻有這一類型者的浪費惡習。↓**浪費型**

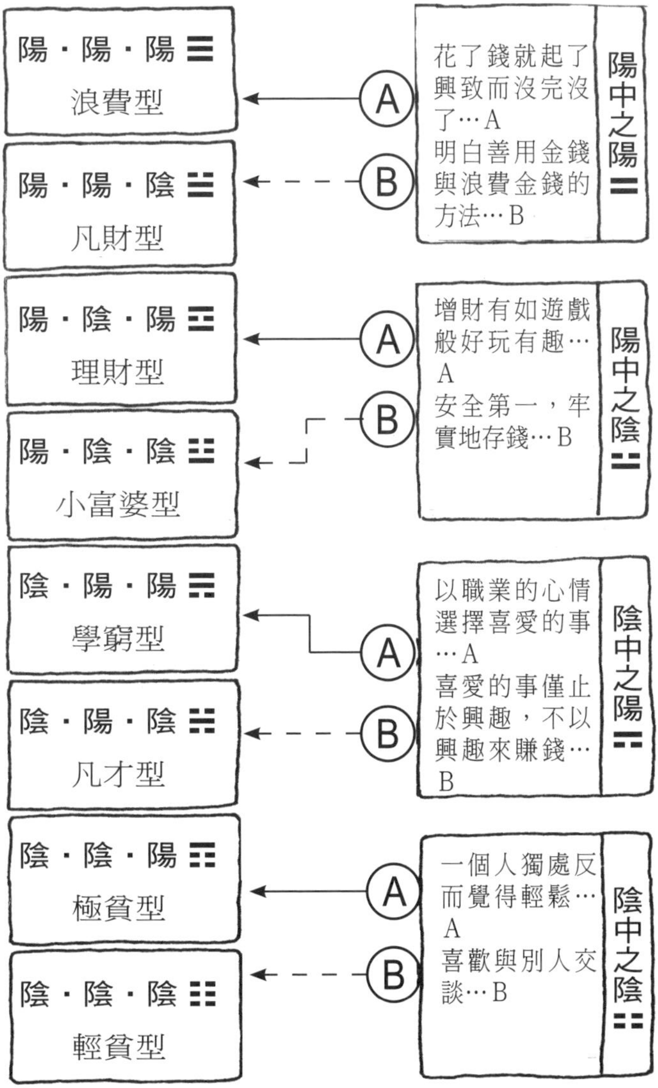

陽・陽・陰
凡財型
陽・陰・陽
理財型
陽・陰・陰
小富婆型
陰・陽・陽
學窮型
陰・陽・陰
凡才型
陰・陰・陽
極貧型
陰・陰・陰
輕貧型

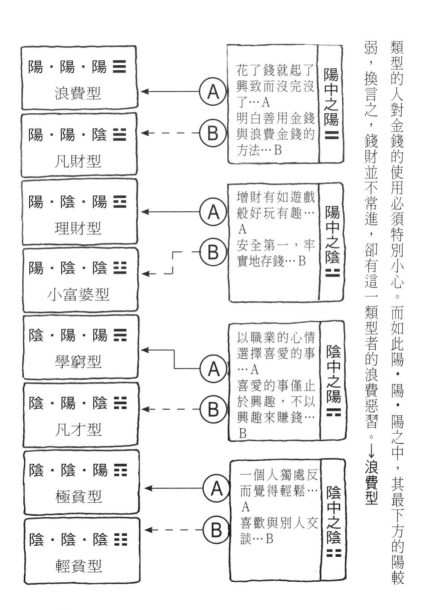

陽中之陽
花了錢就起了興致而沒完沒了…A
明白善用金錢與浪費金錢的方法…B
陽中之陰
增財有如遊戲般好玩有趣…A
安全第一，牢實地存錢…B
陰中之陽
以職業的心情選擇喜愛的事…A
喜愛的事僅止於興趣，不以興趣來賺錢…B
陰中之陰
一個人獨處反而覺得輕鬆…A
喜歡與別人交談…B
A
B

怎麼說呢？錢財不常來是屬於——下卦・陰——，而錢財卻盡往外散，亦即胡亂花錢是屬於——中卦・陽＋上卦・陽。

一般而言，這種類型者有下列二種人。

①單身貴族——幾乎可以完全使用自己收入的單身貴族就是屬於這種類型。以收入和支出的比率而言，這種人的花費情況幾乎可以和有錢者相提並論。所以，以相對的立場看來，他們屬於有錢人。

②愛好借貸者——就是喜歡周轉錢，或胡亂使用信用卡的人。這些人都無視自己的收入，即使已經一貧如洗了，也無法戒除亂花錢的惡習。

由於一身赤貧卻仍錯覺自己擁有花不完的金錢，所以，也可以稱為「假富翁」。嚴格地說，這有點類似八卦中的乾卦，不過，以《易經》而言，則稱為下卦的變卦。**↓浪費型**

陰・陽・陽（☱）……

和金錢有緣，花費也不厲害的類型。在《易經》中稱為兌卦，是指受金錢之惠而開支也恰當之象。最大的特徵是，可以享受以往所花勞力的成果，即苦勞有

果的意思。也另稱作悅象。在中、老年人聚財者中，多數屬於這種類型。↓凡財型

▲陽中之陰類型——與金錢有緣，蓄財型

陽・陰・陽（☲）……

與金錢有緣又牢守錢財的人。在《易經》中稱為離卦，有財及才之類的含意。以現代而言，理財成功型者正屬於這個類型，如果您是屬於這種類型的人，無疑地將會成為大富翁。↓**理財型（才即財型）**

陰・陰・陽（☳）……

雖然與金錢有緣，積蓄卻不多的類型。《易經》上稱為震（雷）卦，正如雷鳴大作，看似驚人卻不怎樣之象。淺顯言之，看似有如理財型般的氣勢，卻虛有其表的類型。原因是，錢財雖然來勢洶洶，卻像閃電、雷聲一樣，稍縱即逝。↓**小富婆型**

▲陰中之陽類型——能力過強但與金錢無緣的類型

陽・陽・陰（☴）……

這是赤貧之「氣」過強，以致財「氣」臨門也被拒門外的類型。《易經》上稱為巽（風）卦，本來是意指萬事順利進展，不過，正如風之意，搞不好也會把上門之物一吹殆盡——強風——。不過，其吹向有正、負兩面，如果努力往好的一面奮鬥，也會因其強盛的能力而成為與金錢結緣的人。學者、藝術家、奮鬥不懈者中多半屬於這個類型。**↓學窮型**

陰・陽・陰（☵）……

這種類型者也是會把財「氣」揮霍殆盡，不過，此起前面的類型情況稍微和緩——上卦、陰——。但是，由於財氣不旺，很難從赤貧狀態中翻身而出。《易經》上為坎（水）象，是指被封閉、受困或事物不遂的意思。平常看似有氣無力，但是，一旦設定目標就埋頭努力者中，多數屬於這種類型。**↓凡才型**

▲陰中之陰類型——能力太弱而與金錢無緣的類型

陽・陰・陰（☶）……

這是因為能力不足，以致與金錢無緣的類型。《易經》上稱為艮（山）卦，是指事物的推展停滯不前之象。可以說是赤貧至極。但是，《易經》中有言，若積極前行到盡頭，會有陽轉——移轉到相反的狀態的可能。因此，只要努力，仍有機會從赤貧狀態中躍身而出。↓**極貧型**

陰・陰・陰（☷）……

這是能力不足又與金錢無緣的狀態並不太嚴重的類型。在《易經》稱為坤（地）卦，因屬純陰——一切皆陰，而會有陰極變陽的可能，而且《易經》上有言，努力慢慢地耕耘終有收成之日。所以，只要不怕艱苦，仍然有機會變成陽＝與金錢有緣的狀態。↓**輕貧型**

有趣的是，這套理論是筆者以人與財「氣」的相互關係立場，所獨自組織成的系統，但是，翻閱《易經》之後，卻發現和其解說不謀而合。我想這一點正是易的哲學深奧之處。不由得令人對古代的中國哲人肅然起敬。

同時，在此希望讀者不要抱持著易＝占卜的錯誤想法。占卜只不過是易的解釋中的一小部分而已。易的哲學，是以「氣」的立場，來闡述天地宇宙間所包含的森羅萬象之壯大哲學——是屬於自然哲學的範疇。德國的哲學家萊布尼茲對易也做如此解釋，而筆者個人更是以此實踐，所以，希望讀者們千萬不要因八卦這個字眼，就誤解易是占卜的一種。

八卦以現代的用語而言，等於是八種類型。清楚理解了這些類型的差別，便是治療您負面狀態的手段。

接下來將這類型做一番整理。

①陽・陽・陽（乾）——浪費型
②陰・陰・陽（兌）——凡財型
③陽・陰・陽（離）——理財型（才即財型）
④陰・陰・陽（震）——小富婆型
⑤陽・陽・陰（巽）——學窮型

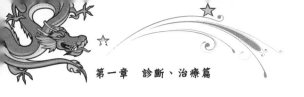

⑥陰・陽・陰（坎）——凡才型
⑦陽・陰・陰（艮）——極貧型
⑧陰・陰・陰（坤）——輕貧型

當您明白了自己所屬的類型之後，就要開始實施其治療法。

當然，在陽中的四個有錢人的類型當中，除了①之浪費型外，不再談其治療法。對於賺錢賺得不亦樂乎的人，怎麼需要診療其目前所處的狀態呢？

這些大發利市的人，只需為了更輕鬆地實現其發財夢，好好地研究第二章的實踐篇，把「仙道帝王招財術」的訣竅發揮得淋漓盡致即可。

因此，在這裏就針對①的浪費型及⑤～⑧的下卦屬於陰的類型，亦即與金錢無緣者，一一說明其治療法。而其說明的順序如左。

1. 學窮型（⑤）的治療法。
2. 凡才型（⑥）的治療法。
3. 能力不足型（⑦、⑧）的治療法。
4. 浪費型（①）的治療法。

另外，這也是以「氣」的觀點，做人物的分析，所以，在判斷一個人時也可以廣為利用。

2. 赤貧類型治療法

——傾全力於一藝，努力過度而忘了自身所處，以致一身赤貧。

學窮型（陽・陽・陰）的治療法——

首先來分析屬於下卦・陰——與金錢無緣，但是，能力極強者的赤貧狀態治療法。

在此，舉一個陽・陽・陰，即巽卦類型的實例，做分析與說明。

接下來的話題其主人翁是S。他是某名大學數學系研究所的學生。是屬於學雜費延期繳付這類的人，所以，經常是兩袖清風，身無分文。

光有好的學歷卻一貧如洗，所以經常有人調侃他，而他也對自己的前途不抱樂觀，所持的論調是：

「數學系雖然也屬於理工科，但是，將來的就職條件差，除了當學校的老師之外，是難有高薪要職的機會。」

事實如何不得而知，不過，當事者都這麼說大概也錯不了，而且，他還這麼認為：

「大學數學系所教的數學，和高中等的考試用數學不同，相當抽象——亦即與現實脫節，根本無法學以致用。」

據說，他進了數學系之後，連簡單的算術題都變得不會了，可見大學裏的數學系是怎麼樣的玩意。

由於每天所接觸的就是研究什麼多次元立體幾何等等，所以S的行徑也顯得更加的超凡脫俗。簡直就和為仙道奉獻了青春的筆者，同處一個世界一樣。

和S是老早的知己，記得他總是一臉的寒酸相，連喝個咖啡也沒錢。不過，嗅覺倒很靈敏，一有聚會總是早人幾步在會合地點等候。

話雖如此，他卻一點也沒有活用我們那些有價值的話題——談及氣功法或仙道諸事——的意思。只是以傾聽閒談為樂。

後來，有一次我們又在老地方聚會，話題談到了我的例行體驗。當時，我提及若要感應身上之「氣」，必須放鬆自己除卻一切的力量，同時，還告訴大家一個要訣：當有了「氣」的感覺之後，連財「氣」也能牽動出來。

認為氣功法、仙道是和招金聚財互不相干的與會年輕人，個個聽聞此言都大吃一驚。

而且那時候我正聽說了一位K先生的成功經驗，於是把K的例子再加以吹捧，每個人都聽得「信心十足」。

從此以後，有志一同者就集合起來，做氣功法的集訓。於是，我把「氣」的感覺化要訣，幾近囉嗦地一再反覆叮嚀。也許是這番耳提面命的苦功，大家終於有了「氣」的實感。

集訓之後，由於寫作的關係，對S之事也忘得一乾二淨，不料有一天竟然發現他也練起氣功法，而且舉手投足間已無昔日那種使蠻力的影子，這一瞧不由得令我好奇地發問：

「怎麼變得這麼純熟地練起氣功法來。」

他回答說：

「當我發覺到『氣』之後，就能放鬆全身力量來做氣功法。而且為了想多多感應到『氣』的存在，就再放鬆力量試試，結果就成這樣了。」

聽他這一番話，不由得令我佩服起來，但是，接下來他又說出令人意想不到的結果。

「而且啊，有趣的是，當我能夠放鬆全身力量來做氣功法時，錢財也滾滾而來。」

對於當時正在整理氣功法訣竅的筆者而言，S的話特別令人感興趣，於是，要求他再詳盡地告知其變化的過程，下面就是他的說明。

「我也不太清楚，不過，當我除去身上的力量時，不知不覺心情也變得舒暢起來。於是，我想到您曾經提過仙道的『氣』與招財之『氣』，有相互關係，就萌生打工的念頭，所以，就開始找起工作。一開始我是先憑著『氣』，用意識使喚著『工作來啊』，『工作來啊』。結果，真的就有許多工作上門。當然，剛開始都是一些報酬較低的工作，不久之後，我開始覺得有點划不來，沒想到這麼一想，更優渥的工作就來了。」

聽了這些話後，我突然有一個想法，於是試著給S一個有關秘訣的課題。

「你要不要決定一個目標金額，挑戰看看自己有沒有辦法達成？先從短期內存下幾十萬圓試看看。」

然後，大概過了三個月，他前來對我說：

「我已經達成目標金額的數十萬圓。」

他的速度比我想像的還快，於是我再給他一次試驗。

「那麼，這一次你向數百萬圓挑戰看看。」

我想這可能要花費他不少的時間，沒想到還不到半年，他又前來示威說：

「我已經超過預定目標的金額了。」

我真是大吃一驚，於是追問他怎麼這麼輕易就達到目標。

「其實是這樣子的，我的打工費，每個鐘頭高漲到好幾萬圓，所以，賺得多嘛！」

S不到二～三年的時間，竟然從每天哀嘆著「沒錢啊！沒錢啊！」的赤貧日子，搖身一變為目前的狀態，真叫人驚訝他的「劇變」。

據S說，剛開始一個鐘頭的打工費只有幾千圓而已，但是慢慢地就有許多給高出二倍、三倍甚至十倍的工作紛紛上門。關於這一點，連筆者都覺得好奇，於是再追問其原因。

「那時候覺得幾千圓的鐘點費，打起工來也沒趣，就打開報紙，看看有沒有更好的機會。結果就發現薪資不錯的打工廣告。以前從來沒有這種經驗，老實說我也覺得不可思議。」

以上是S的經驗談。從這個實例來分析一下，像S這種「氣」的類型。

以財「氣」的陰陽理論而言，S最初是屬於陽・陽・陰的類型。

亦即，與金錢無緣↓下卦・陰，而能力外散↓中卦・陽，同時其狀態極強↓上卦・陽，所以會擊走財「氣」而一身赤貧。

一般而言，這種類型在學者、專家、專精於一藝者之中較常見，是因為窮究特定對象的能力過強，以致把其他諸事驅逐門外。

而平凡人中個性奮鬥不懈者也多半屬於這種類型，讀者可以檢討一下前述的特徵，看看自己是否屬於這種類型。至於這種類型的治療方法，以S的例子也可明白，必須緩和其幾近頑強的專注能力。

以中國的仙道而言，就是將體內之「氣」舒通暢流即可。不過，對於不懂「氣」的人，可能不知所云了，所以，我都如此指導——。

「使身體軟化」「使頭腦輕鬆下來」↓仙道中的身心遲緩法的推廣

所謂「使身體軟化」，是指放鬆肌肉中無用的力量，使身體帶有柔軟性。具體的做法是，利用氣功法或瑜伽，身體力行使全身軟化的運動。

當然，光是身體的軟化作用，而無視「頭腦的『軟化』」，也於事無補。因為在腦筋緊繃的狀態下，是無法修正「氣」的均衡。

談到使「頭腦輕鬆、軟化下來」，是指在構思想法上要趨向柔軟性。屬於這種類型的人，多半具有窮究事理，追根究底的癖性。換言之，比較頑固一點。

當然，也由於這種性格，才能專精於一藝，不過，因其能力過強，以致會擊退靠近身旁的其他事物。財「氣」自然也不例外。所以，這些人才會一貧如洗。

那麼，在治療上該怎麼做呢?應該試著在構思上求變化。具體地說，就是學習一點偷懶的精神。

事實上，對於這種類型的人而言，要做到這一點的確非常困難，因為認真執著是他們的本性。

但是，解決之道只能如此別無他法。如果不做到這一點，財「氣」是永遠不會附身的。

「認真的人，就不認真地生活吧!」「不認真的人，就認真地生活吧!」這是仙人招財術的思想的極致。

認真執著，或者專注一執的人，就要學習一點散漫的精神，這一點是這種類型者必須身體力行的最重要課題。如此一來，身體或精神才會得到舒展（軟化），而使內藏之「氣」達到平衡。

當能夠實踐這一點之後，再徹底實行後述的各種訣竅，由於本來身俱能力強的這類型者，一定可以踏上有錢人的行列。

凡才型（陰・陽・陰）的治療法——

——空有潛在能力卻未能善盡其用而致貧

接著說明同屬陰中之陽的類型中，其狀態較輕的陰・陽・陰類型。

這類型的特徵是，與金錢無緣↓下卦・陰，其能力外散↓中卦・陽，不過，其症狀卻比前述的陽・陽・陰類型輕得多↓上卦・陰。

因此，雖然也是屬於錢財不進的類型，但情況較輕微，一些生活所需的金錢仍會送上門來。

事實上，這個類型很難確定。因為同樣是屬於赤貧狀態，卻沒有陽・陽・陰類型一般的特殊才能，也不是顯著的拚命奮鬥者。

原因是，雖然有能力，但是處於隱閉的狀態下。所以，外表看起來好像沒什麼才幹——亦即中卦看似陰。因此，外觀上很容易被誤認是陰中之陽的類型。

這種類型的人，看起來平凡者居多，以職業上言，上班族中最常見，以普通人的眼光來看，和陰中之陰的類型者無法區別。

那麼，這種人和陰中之陰的類型者該怎麼區分呢?事實上，這一點正是最重要的課題。簡單言之，正如以下所述。

◆陰・陽・陰——凡才型者的特徵

①這個類型者雖然沒有才情洋溢的感覺，但是持久力卻不錯。換句話說，雖然看起來不起眼，卻也不氣餒不退縮。

②當決定了一個目標時，就使出了渾身馬力。而陰中之陰者卻不同。不論有什麼總是使不出勁來——因為「氣」虛。

③雖然不如陽・陽・陰的學窮型，但是交待一件任務給他時，就會發揮其相當的能力。當然，只限於實務性或趣味性之事。譬如擅長事務處理，或者在釣魚、象棋、麻將等方面有其專才。而陰中之陰者，凡事都趨向保守、內向型，連興趣方面也多半屬於自我範疇內的事物，如聽音樂、閱讀、觀賞錄影帶等。

由以上的分析大概可以了解，這種類型者在外表上雖然看似陰中之陰，但是在其行動中，隨處可以發現陽的特質，亦即呈現比較外向的一面。

但是，凡才型者對於財「氣」也是發揮不了磁場作用。因為由於其赤貧之「氣」過強，以致財「氣」——應該說是財運——難以接近。

而凡才型者為什麼會逼走財運呢？原因出在受囿於自己的生活方式。譬如，這種類型的人一旦決定了目標，就使出渾身解數全力以赴，雖然能力並非極強，但也會專注於一事，或者固守自己的立場或想法。

像這般有點頑固傾向的「氣」強烈地對外發射時，好不容易挨身而近的財「氣」也會被它一擊而退。

在我傳授仙道帝王招財術入門訣竅的門徒中，像這樣的人很多。他們都對這套訣竅非常讚賞，但是，一旦要付諸行動時，就舉棋不定。

換言之，說好聽一點是有個人的見解，說難聽些是平凡庸才。

老實說，這種類型的人，若是習性不改，不論做什麼事也當不成富翁。因為其下卦之陰——與金錢無緣——會因其特有的性格——上卦之陰，而把下卦、中卦的氣勢減弱。

像這種具有潛在的馬力，但外表平凡的人，一開始最好不要使用令自己覺得得意的招財秘訣。因為這種類型的人，天性認真嚴肅，所以，在內心裏會開始懷疑這套招財秘訣的可行性。

對於利用意識的特殊狀態，以達到聚財的現實目的之這套秘訣而言，在內心裏有所存疑時，就失去了效果。

因此，對這類型者所推薦的招財秘訣，要以下面的方法行之。

(1) 陰・陽・陰（凡才）型的治療法

①實行黃金之「氣」湧流至身的冥想

①項中，只在意識裏想像黃金之「氣」流入自己體內的秘訣。這個過程對這種類型者而言，較容易接受。而且這個治療法是必須每天持之以恆的訓練法，正適合具有持久力，又能專注特定目標的凡才型的性格。

總而言之，只要將每天認真通勤的毅力，應用在此訓練法上，終有一天會變成與金錢結緣的人。

②利用氣功法使身體柔軟化並感覺「氣」的存在

②項的要領是利用氣功法等，使身體帶有柔軟性，並且培養「氣」的感覺。如此一來，對「氣」會變得敏感，因此，對於使用「氣」的秘訣，會打從心底信服。然後用「氣」的同調法（後述），向富翁或全身洋溢著財「氣」者接近，以攝取財「氣」。

循序漸進做這些訓練法後，由於具有潛在的毅力，光是攝取有錢人之「氣」的過程中，財運自然變得好轉多了。

③學習仙人式思考法

③項的要領是，對於有關招財致富的仙人式思考法，要銘記在心，以改變您平凡的思考法。做這項後，錢財一定滾滾而來。

若能實踐以上所述的各項訣竅，這種類型者的赤貧狀態大致就能痊癒。當然，若無視於以上所言，赤貧的治療是不可能的。

總而言之，這種類型者雖然不如陽・陽・陰——學窮型者，但是也是屬於固守自我性格的人，所以，首先必須打開其頑固的意識，以及身體的僵硬感，才能談及如何治療其赤貧狀態。

極貧型（陽・陰・陰）及輕貧型（陰・陰・陰）的治療法——

——既無才能也無體力、精神力，一事無成的赤貧者

接著來談談陰中之陰，亦即與金錢無緣——下卦・陰，況且其狀態籠罩於內——中卦・陰的類型。

陰中之陰的類型中，有上卦為陽——其狀態強烈的陽・陰・陰之「極貧」型，以及上卦也屬於陰——其狀態較弱的全陰型，亦即陰・陰・陰「輕貧」型。

由於這二種類型，只在這些狀態上有強、弱之分，其他特徵則幾乎相同，所以，在此一併說明。

一般而言，這種類型的特徵是，赤貧加上平凡、無氣力、內向性，有時還可見陰陽怪氣的一面。

其中，陰・陰・陰——輕貧型者的狀態稍輕，因為上卦為陰，所以，還適合做上班族。也許是這個關係，功不成名不就的上班族當中，有許多人是屬於這種

類型。

《易經》上稱作坤卦，意指大地。表示慢慢耕耘，過著腳踏實地的生活方式的類型。

而陽・陰・陰的「極貧」型，是與金錢無緣——下卦・陰，而其狀態聚集於內——中卦・陰，而且狀態極端——上卦・陽的類型，在筆者所分類的類型當中，與財運的關係最差。

同時，由於「氣」的方向朝內，而且極端強烈的關係，在性格上也表現相當的內向性。自閉症傾向的赤貧者，大多屬於這種類型。

這種類型的人，由於缺乏持久力及忍耐力，所以，不適合在公司上班，除了極少數的人可能勉強充當上班族外，多半無固定職務而整天遊手好閒。

《易經》上這種類型稱為艮卦，有山的含意。意指事物爬到頂上無法再前進的狀態。同時，也含有少年的意思，表示意識上的幼稚、不成熟。

總之，「極貧」與「輕貧」這兩種類型，雖然在程度上有輕重之別，但是，由於缺乏像陰中之陽的類型具有潛在的「馬力」，所以，首先必須增強體能上的

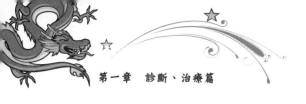

力量。

其方法是，利用仙道上的內功或外功，或者氣功法，並且要徹底地實踐，尤其渴望立即見效者，最好利用外功中的動功。特別是馬步的成效最高。

(2)強化下腹與肛門的訓練

動功之外，若不訓練內功，則無法增強體內的力道，不過，天性有氣無力的類型者，多半會以沒時間或其他的理由而怠惰偷懶，所以，在此特別介紹一種因應的解決妙法。

這個方法稱為下腹及肛門的訓練法，是筆者想出來的一種內功補助法。它不需要坐的姿勢，而且隨處都可練習，對這種類型的人是最適合不過的訓練法。

①強化下腹的訓練

先從強化下腹的訓練做起。在這個訓練法中，可以完全無視呼吸法，只要下腹迅速做前後方向鼓起、收縮的運動即可。這個運動一天做數次，必須每天施行二千次以上。

1 培養氣力的馬步法

⑴ 馬步：

首先，將雙腳打開與肩同寬或略寬。雙手向前伸直，與肩同高。然後，手中有如抱持直徑1公尺左右的圓球，彎曲成圓弧狀，雙手手指交疊，掌心向前用力伸展。

維持這樣的狀態，再慢慢降低腰身，有如端坐在椅子上的姿勢即可。

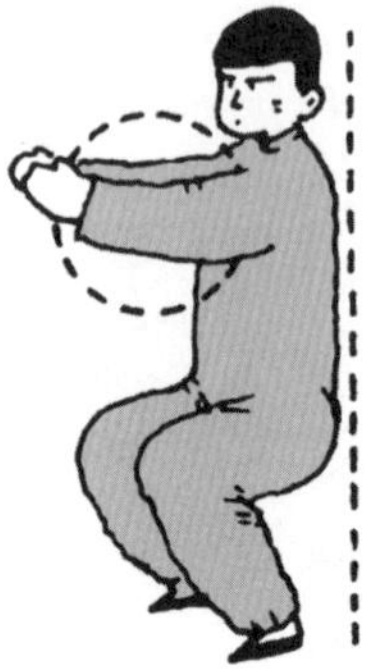

⑵ 做馬步時的注意要點：

①打開與肩幅同寬的雙腳必須保持平行，千萬不要變成八字型。

②上身筆直絕對不可彎腰駝背。臀部也不可以向後翹起。

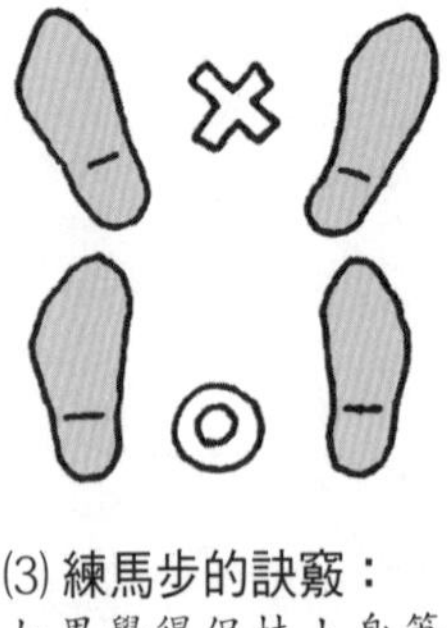

⑶ 練馬步的訣竅：

如果覺得保持上身筆直，如坐在椅上的姿勢很困難時，就背靠在壁面，再慢慢地降低腰身。但是，雙腳及腰部的力道要特別留意。習慣之後，再離開壁面練習看看。

⑷ 練馬步的時間：

馬步的姿勢至少要保持一分鐘，稍做休息之後，再做第二次。一次必須做三次以上。如果有人的馬步姿勢總是顯得腰身過高時，每一次的姿勢，也至少必須保持三～五分鐘。

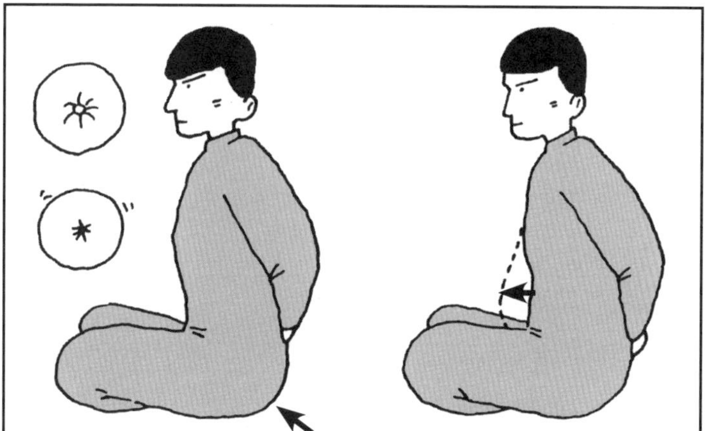

②強化肛門的訓練

這個運動也不必在意呼吸法。緊縮肛門，再快速放鬆，這個運動要迅速並反覆的做。同樣地，一天必須做二千次以上。

☆強化下腹、肛門的效果

我曾經無時無刻只要一有空閒就做這種強化訓練。因此，即使無暇練習仙道的內功時，「氣」的力道，即精力一點也不會衰退。讀者若能認真學習，保證一定可以獲得強勁的內能。

(3)利用正統仙道的「氣」強化法

在正統的仙道中，有幾種可助強化「氣」的訓練法，供參考列舉如下：

①呼吸法——調息、武息。
②集中法——溫養↓將「氣」停在某特定部位，再持續貫注意識於其中。
③氣的吸收法——天丹法↓從四周吸收「氣」。
④地丹法——食養法↓利用食物、藥草以吸取「氣」。
⑤氣功法——將「氣」與動作配合成一種體操，以強化「氣」。
⑥導引——有如按摩術，可順暢血氣、強化「氣」。
另外，也有人丹法，即房中術——利用性交以吸收「氣」的方法等。
以上大致是為了強化「氣」，所使用的各種秘訣。
若要鑽研仙道，以上諸法必須徹底學習，不過，倘若只是以賺錢為目的時，就選擇其中與招財術最直接相關的訓練法來學習即可。
總而言之，這種類型的人，由於能力不足，以致赤貧之「氣」朝內發散，所以，在治療上必須努力地提高「氣」的力道。而為了達到這個目的，仙道上所說的「氣」的強化法的訣竅幾乎都可派上用場。

■既無氣力又無才幹的落魄青年，搖身一變為大富翁
↓極貧、輕貧型的戲劇性陽轉秘訣

對於這種類型者的治療法，除了正統的「氣」的強化法之外，還有其他的治療法。一言以蔽之，就是利用「物極必反」的治療法。

這是取自《易經》中「陽極變陰」「陰極變陽」的道理，藉此將「陰」中與金錢無緣的狀態，戲劇性地轉變為「陽」與金錢有緣的狀態。

具體的辦法有如下述。

(1)陰中之陰，「極貧」、「輕貧」型的戲劇性狀態轉變秘訣

①收入狀態的極限化——將收入狀態變成極限狀態。亦即減低其工作量，使其收入僅只能維持生存的地步。

②肉體上、精神上的極限化——試著將肉體及精神狀態逼到極限。這麼一來刺激其身、心的振作，努力想擺脫那種緊迫的狀態。

這些都是所謂的「打擊療法」，藉此意識及肉體都全開始產生意想不到的反應。當然，這種類型者由於本身就缺乏能力，所以，鐵定是吃足了苦頭。但是，如此克服二、三次之後，就會有意想不到的馬力及潛在能力出現。

關於這一點，下面有一則很好的實例。

我所指導的人之中，有一位M，他住在名古屋，是個赤貧如洗的青年。以類型而言，是屬於陽・陰・陰，即與金錢無緣——下卦・陰，其「氣」內聚——中卦・陰，而狀態非常強烈——上卦・陽的最壞類型，可以說是典型的極貧型。

事實上，M是個找不出什麼優點的人，既無特殊才能，也不適合打卡上班的通勤工作，以我個人所知，簡直無一是處。

和M認識的時候，他還是個學生。他常說畢業後可能找到的工作是當幼稚園的老師，但是，學業未成他就退學了。不過，退學之後並沒有立刻就職，有時打一點工，賺點最低的生活費以糊口而已。

當然，以他而言，這也是沒辦法的事。因為體力不夠沒辦法幹粗活，腦筋不好，動腦的工作也不適合，而且視力是〇・〇一——不是〇・一哦，而且還固執

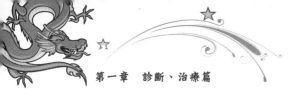

著不戴眼鏡——，所以無法擔當與人交際的業務員，總而言之，幾乎沒有一點可以就職的狀況。

他之所以追求仙道，簡直是在毫無希望中尋找最後的一線生機般，但是，追求仙道也是一敗塗地，真是前途黯淡，不知何去何從。

因為學了好幾年的仙道功夫，仍然感覺不到「氣」，做氣功法練習，一下子就累倒了。

看到M這種悽慘景況，我只好特別地仔細教導他「仙道帝王招財術」的訣竅。因為我想如果藉此能夠改變一下他的運氣，雖然富翁之夢仍舊是夢，至少仙道對他可能會有一點幫助。

不過，歷經了幾年，他仍然無法脫離這種無能、無氣力的狀態。後來，因為有一點糾紛，我就不再去找他了。且由於本身的私事也忙，就把M的事忘得一乾二淨了。

有一天，他打電話來說「想跟老師談一點重要的事」。我覺得事到如今，還有什麼好談的。

不過，他又邀約我以前的學生一起來，我也只好勉強地答應。

久違重逢的M，變了許多。據說由於存了點錢，想到中國走一趟。希望臨行前從我這兒打聽一點消息，原來他想採訪與仙道有關又值得一去的地方。

我回絕他自己並不是觀光導遊，無可奉告，他卻說會給老師答禮，就在桌上擺了十五萬圓。

我大吃一驚，問他到底是怎麼回事，他回答：「無論如何請一定告訴我。」

我覺得沒有收這筆錢的理由，就把錢退還給他，同時把他趕了出去。但是，後來想想他這麼貧窮而能存下一筆錢，一定是辛苦賺來的，基於同情就介紹了一位住在香港從事導遊業的華僑給他。

不久，我從助手那兒聽到M那筆錢的由來。

「聽說M總共存下了百萬圓，其中二十萬圓要買仙道的古籍，剩下的八十萬圓要到中國各地雲遊，而且聽說那一百萬圓是半年內賺來的。」

我聽到這個消息簡直不敢置信，那個無能又無氣力的M怎麼可能在半年內賺一百萬圓。我甚至懷疑這一百萬圓的來歷有問題，是不是做了什麼虧心事，或者中了彩券。

不過，以M的為人，既無做虧心事的膽量，也沒有喜從天降的運勢，我的疑問只能說是對那一百萬圓的數字感嘆而已。不過，我仍舊要追究如何存下這一百萬圓的來龍去脈。

只是，這個答案是等到半年之後，M從中國回來，並且再度向一次賺錢的機會挑戰完後才得知的。

我在電話中問他何以能在半年內積蓄一百萬圓，他卻語出驚人說，回國後花了三個月就賺到一百萬了。

他的說明是這樣子的——。

為了在短期內積蓄一百萬圓，什麼工作都做，而且為了節省交通費，還曾經徒步通勤一個鐘頭左右，在這樣的狀態下從無缺勤，十足發揮以勤克簡的刻苦精神。

「我以往的生活情況，老師您也瞭若指掌，而且對我的人生，許多人都不抱希望了，最後我自己認真地思考自己未來的方向，在幾番掙扎之後，我決定開始這麼做。

首先，我想到了老師您曾經提過的，藉由仙道之『氣』以招金聚財的秘訣。因為我想即使不能賺到錢，若能改變一下運勢，也許能找到一個較好的生存方式。

於是，我就依您所言，為了解除惡劣的狀態，試著把自己逼迫到極限狀態。而我決定以艱苦的工作來製造極限狀態，目標是必須在短期內積蓄一百萬圓。為了達成這個目標，剛開始每天都工作十二小時左右，而且從來不休息。

當然，在起步的階段，覺得相當辛苦，但是不管三七二十一埋頭苦幹時，突然好像緊繃的弦斷了線一樣，精神變得平靜下來，而且身體也不再覺得疲憊。同時，不出多時，就達到了目標金額，所以，也沒有因為過勞而昏倒的事件。

接下來的一百萬圓挑戰更簡單了。由於已經有前次的工作經驗，懂得該如何使金錢上門的訣竅，再加點馬力就迅速地賺到了錢，比上一次節省了一半的時間。最近，找到一個更好的工作，我想試著在二個月內賺到一百萬圓。」

聽到這裏，我深深地覺得仙道修行也有各種方法，並非只有「修行」才是仙

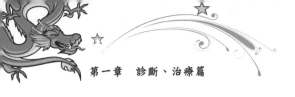

道。像M把仙道帝王招財術當作是仙道之行，結果把天生的負面狀態一筆勾銷，搖身一變有如超人。

從M的例子中也可明白，陰中之陰「極貧」、「輕貧」的治療法，無論使用何法，首先必須改變其無氣力、能力不足的狀態。只要在這一方面多加努力，不久即能脫離赤貧狀態。

(2) 陰中之陽「學窮」、「凡才」及陰中之陰「極貧」、「輕貧」型的意識改良——「使頭腦軟化」的秘訣

仙人式招財術的思想是「認真的人，不認真地生活！」「不認真的人，認真地生活。」以這種類型者而言，應該是屬於後者的生活方式。不過，不要光從字面上解釋這則仙道的金玉良言，還有下面的解釋。

認真的人，不認真地生活——這是指，您若是屬於奮鬥不懈者，也要留意偶爾放鬆自己一下。

不認真的人，認真地生活——這是指缺乏幹勁，遇到挫折就放棄的人，必須

更激勵自己的肉體或精神。

換言之，這二則對句，以陰中之陽的人而言，是放鬆其「氣」——為此，必須使意識紓緩——，而對陰中之陰的人而言，則是緊綳其「氣」——為此，必須增強實力——。

請讀者千萬不要忘記此句忠言，將它銘記在心，以治療您目前的赤貧狀態。

浪費型（陽・陽・陽）的治療法——

——揮霍無度，到處散財以致赤貧如洗

陽・陽・陽之浪費型者，雖然有財運籠罩，但是必須節制開支。因為稍一疏忽都可能落得一貧如洗。原因是所有的條件皆陽，亦即陽氣過盛——處於過度耗費的狀態。可能因為浪擲巨金而破產。

《易經》上是指「陽極變陰」的狀態。

這種類型中有純粹的大富翁之外，也有疑似有錢人的單身貴族，以及本屬赤貧卻佯裝富貴的愛好周轉金錢的人。

其中，對於真正的有錢人而言，只要留意一下開支，就無大礙了，因為本身已經家財萬貫了。

但是，單身貴族及愛好周轉金錢的人就要特別小心了。如果一味地胡亂花錢，是永遠當不了真正富翁。

因為本身並不是非常有錢，卻會到處散財，如果任由這種狀態持續下去，會消耗掉所有的財「氣」，而一頭栽進赤貧的行列。

那麼，浪費型者為什麼這麼喜歡亂花錢呢？

其實，理由因人而異，有的人因為喜歡氣派所以花費耗大，而有的人是為了虛榮而浪費。總而言之，可能是為了彌補心靈上的某些缺憾而以浪費金錢之舉尋求解決。

譬如，容貌美麗的人，為了保持其青春美麗，在裝束打扮上就顯得特別神經質，而且為了粉飾體面——也可說是虛榮——在各種細微末節上也花費甚多。

所以，這些美女顯然外表上珠光寶氣金光閃閃，但是，由於財「氣」向外發散，以致和外表成對比的實質乃是一貧如洗。

男性也不例外。如果本身並非有錢，卻愛時髦、趕流行，別人有車坐，自己也要一輛，購買的物品一定要名牌精品，就屬於這種類型了。同時，為了愛面子而不停地請客、贈禮的人也屬於這種類型。

以仙道而言，處於這種狀態的人，由於該人的財「氣」不停地向外發散，以致被他人吸走了原有的財「氣」。

理由很簡單，假設您是一位發散財「氣」的人，那麼，和您碰面的人，譬如朋友等，因為受約被請的行為，就把您的財「氣」吸走了。

常去光顧的商店，向您推銷商品，就從您的身上奪走了財「氣」——以現實而言就是金錢。

從財「氣」均衡的立場來看，如果自己從他人身上吸取財「氣」，就可成為富翁，但是，如果任由他人從自己身上剝奪財「氣」，當然會落得一貧如洗。

如果，您是有錢人之列，千萬要注意金錢的開支狀況，否則，早晚會反富為貧，而其開支的程度若過了某一個界限，立刻就會掉入貧窮的深淵。

如果您並非有錢人，卻有如富豪般地揮霍無度，已經無可挽救了。不早日戒除惡習，恐怕會潦倒不起了。到了這個地步，再怎麼鑽研、應用本書所介紹的各種秘訣也為時晚矣！

至於其治療法，有以下的訣竅。

・預防財「氣」外洩的秘訣

①防止財「氣」向外發散——購物時必須先仔細考量其必要性，節省不必要的花費。譬如，口並不怎麼乾渴，就隨意掏出十元來買果汁喝，像這種細微小事上的節制最重要。藉此，可以預防財「氣」外洩。

如果能在瑣事上花心思節制自己的開支，就可以慢慢地修正已經習慣化的虛榮、講氣派等使財「氣」外洩的性格。假使不能在這類小事上下功夫，是難有治本之效。

②使財「氣」向內聚——最好的方法是努力積蓄。藉著存錢把財「氣」向內聚集，可以防止財「氣」往外流失。同時達到積蓄又治療浪費癖性的雙效作用。當然，光是儲蓄的方法也提不起勁，最好利用本書所介紹的各種秘訣，慢慢地搖身一變成大富翁。

第二章

極意篇

——體會仙人式思想，即能成為與金錢結緣之人

1. 讓仙人財運垂愛之術

金錢有如女性，必須溫柔、熱情而且執拗地追求

從本章開始，要一一介紹適合各種類型者實踐的，各神仙帝王招財術入門的訣竅。首先，從最容易入門的，以應用思想轉換法而成的許多秘訣開始說明。

其中，並以最富趣味的「財＝女子」之論做開場白。

筆者一直覺得不可思議的是，世界上怎麼會有與金錢有緣者，及與金錢無緣者的差別。

當然，因地位及職業的不同，自然會呈現出差異，只是令人不解在同樣的生活方式下，也會有與金錢有緣、無緣的不同境遇。

就以我為例！在赤貧如洗的時期，也曾經認真努力地發憤工作，但是，就是與金錢無緣。

與我交往的朋友中，大多數的情況與我類似。不過，其中有一、二位，同樣

是過著與筆者一樣的生活方式，卻是財運籠罩，令人羨慕不已。

看到這些人，我常常暗想是否自己的腦筋太差，或者做事的要領不如人。

不過，這些念頭到後來才發覺純是胡思亂想。因為有一個機會接下某服務業的社員研修活動，在與該業的各種人交際來往過程中，才理解與金錢有緣，並非如想像中那麼單純。

一般而言，從事服務業者多半不比白領階級者的腦筋好，但是，他們大部分都是有錢人，換句話說，在財運方面較優於一般的領薪階級。

在研習活動的空暇之餘，我問其中一名成員：「賺錢實在很辛苦吧！」不料對方卻大發議論一番——。

「那有這回事，賺錢很簡單啊！倒是像老師您這種從事學問的人比較辛苦。賺錢根本不必動什麼腦筋的，我真不明白，為什麼說賺錢會辛苦的道理，只要做點什麼事，錢不就進來了嗎？」

莫名其妙地讓人家如此喋喋不休地說了一番大道理，正覺得心有不甘之際，碰巧又從他們的成員之中，領教了他們所謂賺錢秘訣。

那是一名在東京新宿擁有超級連鎖店的公司課長，邀我吃飯時，從中賜教的。

那一天，他帶著我到壽司店去用餐，點的都是昂貴的種類，吃得我滿腹脹飽，結帳一看，二人花了一萬數千圓，但是，這位課長絲毫不在意，立刻掏出了名貴的皮夾，用現金支付。聽說這位課長，好食壽司，每天都到這家壽司光顧，而每次的飲食費都上萬圓。

一餐用掉一萬圓，到底一個月的收入是多少呢？一問之下，所得到的回答竟然是「一百萬圓到一百二十萬圓之間。」

「不過，身為一名課長，能夠領那麼多嗎？」

「沒有，沒有，公司的薪水只有三十萬圓左右，其餘的是經常到各公司、行號做經營顧問，每次都可以拿到二十～三十萬圓。」

據說，當時他正擔當二家新店面的經營顧問。

其實，他本來是賣魚做生意的，中學畢業後立刻進入魚販的工作，所以，既沒有修過經營學，也沒有經營管理的文憑。但是，他卻認為並不要這些囉嗦麻煩的學問，總而言之，只要他在該商店往來走動，生意就興隆起來。

說來的確令人難以置信，但是他卻實際地這麼做，而且比別人的收入高出數倍乃至數十倍，所以，事實由不得人不相信。

在服務業（尤其是娛樂業）中，像這樣的人比比皆是，譬如前述的課長的上司。M部長，本是海軍學校出身的中尉，也是在這種行業工作之餘，兼職其他商店的經營顧問，另外，還擁有二家「愛人旅館」。

聽說「愛人旅館」是最近經營的行業，其中一家已經上了軌道，所以立刻又開了第二家。M部長也這麼說：

「賺錢非常容易啊！我只要開始做點什麼事，錢就滾滾而來，我真不相信賺錢會是件困難的事。」

總而言之，經由和這種業界的人相處，徹徹底底地改變了我對賺錢的觀念。

後來，也是在研修活動中，認識推銷業、不動產，以及寶石業、服飾品等各種不同行業的社長、幹部、營業員等，更加深了我在觀念上的改變與感觸。

這些人也是大部分只因為人在其位，就使業績蒸蒸日上。而且好像是應證這個事實一樣，當這些人中有某人因某事而離職時，不管公司的營運目標一如往常，其公司或部屬就會陷入業績不振的景況。

我記得這些人對賺錢的觀念，也和服務業相關者的回答一模一樣。「要存錢一點也不難，只要擁有一點個人的格調再加上充足的幹勁，錢財就會聚集而來。困難的是，雇用人而要他們也能發揮同樣的效果。」「我們的問題就在這兒，老師，研修方面就請您多多指教。」這些賺錢不花力氣的人卻向一貧如洗的我討教起來。

總之，由於這些接觸的刺激，後來，我花了好長的時間，專心研究「與錢有緣者、無緣者」的問題，終於讓我發現下列幾項金錢的有趣特性。

(1) 金錢所具有的富饒興味特性

①金錢喜歡豪華、亮麗之處。因此，穿戴貴金屬，錢財自然就聚集而來。

②金錢喜歡喜氣洋洋之處。因此，使人覺得快樂時，金錢就滾滾而來。

③金錢害怕寂寞，喜歡三朋好友聚集之處。因此，手頭上多金即能呼朋喚

友。

④金錢當沒錢人死命窮追時，會四處遁逃。因此，在天生上厭惡沒錢又緊迫的人。

⑤金錢當有錢人積極追求時，會樂意地以身相許。因此，只要是大富翁就來者不拒。

⑥金錢對帶有富豪氣氛者的冷酷無情最招架不住，當表現得愛理不睬時，立刻貼身挨近。因此，對於有氣氛的人，金錢往往甘拜下風。

⑦金錢招架不住小心翼翼誠實地逼近的人。這一點雖然和第⑥項有點矛盾，但是，對於這種接近方式也較劣勢。

看看這些金錢的特性，不由得令人覺得和年輕女子有許多神似之處。

的確，女性當與金錢無緣的男子緊追不捨時，也會四處逃避。相反地，對方是與金錢有緣的男子，不管其追求方式是積極或冷淡，都會歡喜接近他們。

當我發現這些特徵之後，就告訴許多人必須理解金錢的感覺。因為這是讓金錢青睞的最簡捷的途徑。

(2) 實踐使金錢垂愛的秘訣

這個秘訣非常簡單。只要遵守①～⑦項的特性，或者實踐即可。光做到這一項就能讓金錢垂愛，令人意想不到。從女性與金錢的類似點看來，也許還可以因此大走桃花運。

從以上的說明，讀者們也可以明白，何以風花業者都較多金。他們正是處於金錢特性十足發揮的世界，而且還徹底實踐的緣故。

2. 運用集中力的賺錢秘訣

小心翼翼經營也賺不了錢，集中力是重點。

(1) 仙人式蓄財秘訣

仙人式蓄財術的秘訣有許多，其中特別重要的是集中力，集中力之所以是儲金的要點，是根據下列的理由。

第一，慢吞吞耗費時間時，就會引起各種障礙所帶來的妨礙，而錯失目標，一事無成。

第二，人類是惰性的動物，若耗費多時，慢慢就會失去達成目標的勇氣。

第三，當成果未能立即見效時，就無法持續再接再勵的幹勁。

基於這些理由，一旦決定了目標的儲金或集金，必須在短期內速成。

(2) 利用集中法的集金秘訣

在實踐這個秘訣時，目標達成必須以①期間短縮式，或②倍倍方式的方法行之。

換言之，其做法應該是在同樣的期間內，漸漸增加達成金額，或是在同樣的目標金額下，漸漸地縮短其達成期間。簡要說明如下。

①期間短縮式——

正如第一章極貧型治療法中所提到的M的例子，先在半年內決定目標金額一百萬圓，在這個期間內使出渾身的幹勁奮鬥到底，絕對在這個期間內完成目標。然後，再向更短的期間挑戰。

②倍倍式——

這是不改變時間而倍增其達成金額的方法。譬如，第一次在半年內賺一百萬圓，第二次在同樣的期間內賺二百萬圓。

看到這些施行要訣，可不要哀聲嘆氣必須苦幹死拼，其實，並不是永遠都是這個模式。只要花幾次向這個秘訣挑戰，以後即使放任它去，您的「氣」也會使錢財滾滾而來。

事實上，這些目標金額等並不重要。重要的是，經由這些挑戰，可以獲得超人的集中力。只要能擁有這個法寶，以後幾乎無所事事也能家財萬貫。

甚至可能和筆者一樣，光是二～三天的工作，就輕易地可以擁有一般人的收入。以筆者為例，在剛開始時，也和各位一樣，從少量的金額做起，慢慢再增加到二倍、三倍、十倍，如今有的工作只要一天的工作，就能獲得相當於平常人一個月的薪水。

各位不要以為只有寫書的才有這種成績，其實，在起跑點上，筆者的赤貧狀態遠勝過各位，但是，同樣也能從赤貧如洗的狀態中搖身一變成為閒適多財的階級。所不同的是，我隨時留意這個集中力，而且牢實地持續增加其能力。

總之，只要能夠身具與金錢息息相關的集中力，就能以少許的時間賺取多量的金錢。而在剩餘的時間裏，又可以進行其他的蓄財活動，而其中的時間花費也有剩餘，如此交疊下去，資產就越積越多了。

事實勝於雄辯，各位就先試試這個秘訣。而在實踐此項秘訣時，最好一開始就有「氣」的存在——亦即精力充沛。因為如此才不會半途而廢。

不過，以前章中所提的M實例看來，帶「氣」並非絕對的條件。

以M而言，他一開始也是既無能力又無氣力，但是，在學習此項集中力養成法的過程中，慢慢就擁有了「氣」。

所以，最重要的是要真正去實行，以集中力去賺取目標金額，看看能否縮短達成目標金額的期間，或者在同樣期間內增加所達成的目標金額。

3.

你的儲金簿變成自動增加金額的機器

利用儲金簿數字的招財秘訣

大部分的人如果要求他以目前的職業或打零工，儲下所得的十倍金額，一定立刻舉手投降或覺得厭煩。

我以前的弟子也是一樣。當鞭策他們若想成為富翁，就在幾個月內存下一百萬圓時，每個人都面有難色，覺得根本不可能。

不過，為了激勵他們，我又試探地說：

「如果是十萬圓，花幾個月很容易就存起來了，那麼一百萬圓也一樣！」

但是，此話一出口，他們紛紛反駁說：「那有這回事，這差太多了吧！」

「不要把一百萬圓當作十萬圓的十倍啊！只要想想多填上一個○就好了。一千萬也一樣，有了一百萬圓，再增加一個○就可以了。最好是在儲金簿上這麼做，當記載了這樣的金額之後，不管將來有沒有支出，經常會有這筆數目在儲金簿裏出入。」

當我一口氣說完這些話時，弟子們的反應大致有二類。一是吃驚得目瞪口呆，一是呵呵大笑以為在開玩笑。

讀者大概也以為是笑話吧！但是，我確實是據實稟報而已。事實上，我也是用這個方法增金聚財的。

在從前收入極端微薄的時期，自己慢慢在短期內存下十萬圓左右。在生活費只有二萬圓的赤貧時代，要儲蓄其五倍的金錢，可以想見其辛苦的程度。

當時，只要手頭上有幾千圓的盈餘，立刻存入銀行，結果不知不覺就在儲金簿上出現了十萬圓的數字——對當時的我而言，簡直超越想像的一筆金額。

有趣的是，一旦有了十萬圓的積蓄之後，就比較容易地經常有幾萬圓單位的錢入帳戶來。當金錢的調度順利之後，接著就向一百萬圓的積蓄挑戰。首次為了達成這個目標，吃盡了苦頭，但是，一旦成功之後，莫名其妙地隨時有十萬圓的金錢在帳戶裏出入。而工作本身絲毫沒有任何異動。

所以，再次向一百萬圓的目標挑戰時，情況就遠比第一次的經驗輕鬆多了，只花了首次的幾分之一的時間與勞力就達成。

最後，我試著向一千萬圓的目標挑戰。正如序章裏所提的，我想用現金買房子，憑著這個念頭硬向一千萬圓大關挑戰。

以往的目標，都訂在一百萬圓左右，一下子要向其十倍金額挑戰，的確非常困難。不過，正如前面所述，我不把它當做是一百萬圓的十倍，而樂觀地想像只是多增加一個〇而已，不管三七二十一有了進帳就立刻儲存起來。

而終於花了將近三年的時間達成目標。而完成一千萬圓的挑戰之後，和以前的情形一樣，就經常有數百萬單位的錢出入了，不過，工作量方面並沒有增加，相反地還減少了許多，連自己都難以相信這樣的改變。

總之，只要達成預定的儲蓄金額，往後就經常會有相當數目的金額在儲金簿裏出入。

換句話說，這時的儲金簿幾乎具有招財的超能力。

另外，在這項秘訣中最重要的是「意識的變革」。因為不再覺得這些巨額大款是件了不起、不得了的事時，才是能完成目標的秘訣。

一般沒有嘗試過這項秘訣的人，都會以目前的收入來衡量其五倍、十倍等金額，而覺得數目過大遠超過自己的能力所及。這種一開始就覺得不可能的想法，是在進行此項秘訣時的最大障礙。

以前，在電視上看過吃饅頭比賽，該優勝者竟然吃下一百個饅頭，而優勝者所談的致勝秘訣，正和這裏所說的道理同出一轍，即「不去在意它」。

那名優勝者是位中等身材，看來寒酸的學生，而他卻在聲稱打相撲的力士、大食漢等眾多大男人中，以突破一百個饅頭的記錄取得優勝。一般的人，頂多吃了二十~三十個就落敗下陣，而號稱是相撲的力士，吃到五十多個就捧腹遁逃了，另外一名大個子到了七十個時，神情大變，連話都說不出來。

但是，看來寒酸的學生，卻慢條斯理地一邊看報紙，一邊啃饅頭，終於吃下一百個。優勝者在接受表揚，領取獎金之後，向大家陳述其致勝秘訣。

「一邊看看電視或報紙，然後以一定的速度拿起饅頭往嘴裏塞，絕對不可以數，否則會膩了起來，再也吃不下去。」

這句話的道理明白了吧！一切諸事都該如此。要達成目標的過程都一樣，不必思考多餘之事，只需默默地往目標邁進。

而在此所介紹秘訣，最好和前述的集中法，以及後述的財「氣」招引法等配合應用。

譬如前章所提的M以此秘訣和集中法配合，而S融合財「氣」招引法加以活用，都能在短期內達成目標，所以其功效值得學習。

第三章

秘傳篇

——運用「氣」的感覺即能隨心所欲招財術

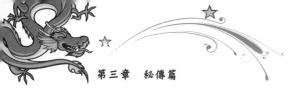

1.以意識法從虛空中致錢財

利用黃金之「氣」的冥想以吸收財氣的訓練法

建議各位多做冥想，因為有一位大前輩曾說，不做冥想者無大成。冥想並非只是坐著打瞌睡似地憑空胡思亂想，這種冥想只會使意識變得模糊而已。筆者所建議的是，實踐招致財「氣」上身的冥想，藉由這冥想才能使你立刻成為與金錢結緣之人。

當筆者在冥想中為了增強「氣」的感覺，極力在意識上從身體周遭做吸收「氣」的訓練時，突然腦海中萌生這樣的想法。

「反正都是要增強『氣』，不如試著吸取一些財『氣』，財『氣』若也是『氣』，應該也可以同樣地吸收得到。」

於是，筆者想到下列的意識法，立即試行看看。

吸收虛空中黃金之「氣」的秘訣

①首先閉上雙眼冥想，在意識中想像虛空中到處散發著金黃色光彩的熱能晶塊。同時描繪這些晶塊有如潛藏在地底下的石炭或石油，或是金屬礦脈等形狀，大大小小混雜交處於意識中各處。

②當栩栩如生地做這些想像之後，再描繪其中一個礦脈——因是「氣」，所以具液體般的流動性——中伸出一條長管直通自己的頭部。或者從自己的頭部伸出一條長管與礦脈接續。

③然後想像這些金光燦爛的黃金之「氣」，通過此長管狀的通路，漸漸流入自己的體內。

④最後想像承受這些黃金能源的光輝後的自己，從身體上散發出金色光芒，其光線向四周發射開來。

以上是這個秘訣的做法，不過，該如何把它現實化，讀者們可能還不清楚，就以我為例，具體地說明其作法。

當我開始冥想時，從意識中想像許多「氣」的礦脈漂浮在虛空中，並且認定這些都彷彿是實在的東西。接著從頭部伸出一條管狀物，直伸向最接近自己的礦脈，當它與礦脈接續之後，就陷入頭部與礦脈真的接續在一起的感覺。

其實，當時黃金之「氣」非常強烈。由於長管所接通的閃閃發亮黃金氣流歷歷在眼前，金光輝耀幾乎使眼目昏潰。

而當它流入體內時更不得了，從體中放射出黃金之「氣」，光輝璀璨得幾乎令人不可直視。

當吸收了二～三個礦脈的這股財「氣」，和平常吸收「氣」的感覺有如天壤之別。身體四處金光閃閃，已經無法悠哉地靜坐冥想。滿腦子就是想趕快去賺錢。

不過，實際上並無此需要。做了吸取財「氣」的冥想後不久，就有一些非預定之內的錢財滾滾而來。以我而言，經常有劃撥款項入帳戶。

每天如此練習，金錢的上門較平均——每一次的分量變少了、不過，若是偶爾為之，金錢的來勢就洶洶了。

以上，是筆者進行此項冥想時的狀況，不過，沒有做過仙道式冥想的人，要將冥想如此實際化，必須花上一點時間。只是一開始並不需在意，即使意識內容不夠鮮明，也有其相當程度的效果。況且在屢次實踐的過程中，意識內容及金錢的來勢都會越來越牢靠。

這裏所提的意識法，其實有點現實性的根據。其根據是籠罩在您身體四周的靈氣，會因為這個冥想而帶有黃金的光輝，去吸引漂浮在世界上的財「氣」。在第二章所敘述的，以冥想方法來製造使錢財垂愛的「氣」狀態，就是此秘訣的目的。

所以，希望大家能正視這個冥想的功用並實踐。

而初學者在實踐此冥想訓練時，會因個人的素質一一介紹其實施要領，只要依此要領做訓練即可。

■初學者的仙道黃金之「氣」冥想要訣

①靈氣或各仙道所說的超影像——可以把「氣」看做有如光的影像狀態的

人，一開始就用意識力把此現象實地描繪，利用視覺感進行這個冥想。

②精力充沛或集中力極其優越的人，在心中描繪該景象，並且一再地加強意識感覺應說「散發著令人目眩的黃金光輝」。當如此冥想而想像到礦脈或所意識的事物之「氣」流動情景時，能感覺到一陣目眩是最好的。因為這是幾近於可以透視者的效果狀態。

③一般人的情況——

既無充沛的精力，集中力又差，當然也沒有透視能力的人，在顯現效果之前，有一段非常辛苦的過程，所以，一定不可半途而廢。

其要訣是和②一樣，在每次冥想時要一再地加強「令人目眩般的黃金光輝」的意識，如此持續著做，財運一定變好。雖然無法立刻發大財，但至少身邊的零用錢不用愁。

當熟習這套方法，而財運越來越好，或者可以目眩地瞧見黃金塊，再進行第二種秘訣。

■吸收環繞世界財「氣」的秘訣

這個秘訣是意識循環於世界中財「氣」的氣流，並吸收於自己體內的冥想。其做法如下。

①平常即在意識裏想像：在現實的世界中有一股強大的財「氣」流動其間。可以閉目冥想，也可以睜眼想像。並不需要考慮其具體的流向，只要想像有一股財「氣」在世界的某處流動著即可。

②接著想像從這股財「氣」源流中散發出無數的支流，充斥在世界各處，再返本流，如此循環不止。

③做了以上的意識法之後，再正坐於房間中央進入冥想狀態，開始想像：「從四面八方循環於世界的黃金之『氣』，最後轉向自己的體內，身體於是充滿了財『氣』，散發出令人目眩般的黃金光芒。」

以上是此冥想的操作法。綜合前述的仙道黃金「氣」的冥想要訣，每天花三十分鐘到一個鐘頭的時間來練習這二種冥想法，一定可以改變您的財運狀態。

當冥想的工夫慢慢現出實質成果之後，所獲得的金錢數量也會陸續增多。事實勝於雄辯，請您先試一試，保證一定可以變成與金錢結緣之人。

2.仙道帝王招財術的三大思想根源

■想存錢就不能動用手頭上的金錢

在此以「氣」的立場來敘述構成儲金術思想的三大原則。若不拂卻世俗的觀念、常識，以仙道的理念來遵守這些原則，那麼賺錢之說純屬空談。

第一是：「不能動用手頭上的金錢」。

第二是：「不需要過分勞動」。

第三是：「不與人合作進行」。

普通的人之所以經常手頭匱乏，原因就出在無視於這三大原則。這三大原則是在仙人式的常識中，絕對必須遵守的事項，接下來再一一詳細說明。

「想存錢就不能動用手頭上的金錢」，在這個原則裏，以「氣」的立場而言，若動用手頭上的金錢，等於是向外鋪設了一道巨大的「氣」流通路。

換言之，藉著這條通路，會使構成該人生命本源的先天之「氣」朝四面八方大量地洩漏。

若以肉體上的「氣」的立場來說明，即是會失去元氣，肉體老朽化，變成枯乾腐朽的狀態。

在現今社會有許多人想擺脫上班族的束縛，自我創業以求多金。但是，和這般雄情大志相反地，真正在繁華競爭的社會中賺取自己一片天空的，只在少數而已。

為什麼？因為他們都動用手頭上的金錢。如果手頭上的資金是借貸而來，情況更加悲慘，為了支付利息，所有的盈餘不說，還要周轉償還的金額了。

我的朋友中，也有許多人乾脆辭掉朝九晚五的固定工作，自己出來奮鬥創事業，但是百分之八、九十的人都失敗了。當然，原因都出在過度耗用本金，而造成收支的極大不平衡，導致一敗塗地。

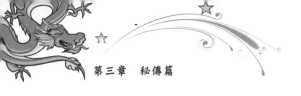

相反地，看那些事業有成的人，多數人都是不太動用資本就能把工作做得順利又賺錢。

譬如，我的一位朋友H就是這種典型。當初在朋友所工作的一家破舊廣告公司裏，租借了一個角落，在那兒經營打折飛機票的買賣。

而目前卻在澁谷高級地段的大廈，租下一層大樓開了自己的公司。

這個朋友的厲害之處，就是嚴守第一大原則。他徹徹底底不花無謂的經費。譬如，寄居在廣告公司的一角獨力經營的時代，當自己出外跑業務時，所有的來電都是廣告公司的朋友替他留言下來，既不必雇人花錢又可以守住業績。

以這種方式慢慢經營下，多少有一點盈餘之後，才逼不得已退出廣告公司的一角，在澁谷郊區租了一間位在樓房中的辦公室。這個時期也不浪費廣告費，只憑朋友之間的口傳介紹就增加了不少客戶。

公司裏也不雇用正式職員，只拜託一些較空閒的朋友，以打零工的形式來幫幫忙。

在如此東併西湊式的經營方式下，也有十年的歷史，終於事業擴展到辦公室顯得狹窄，而轉移到目前的公司。其後，業績蒸蒸日上，終於租下高級地段大廈中的一層大樓，做為拓展業務的辦公室。

另外有位朋友T，他也是不花費資本就做起買賣生意的人。而他所憑藉的是「人脈」。

這名T是在二十多年前，參加了我所主持的亞洲語系研究會而認識的。他所學習的是馬來語（馬來西亞的國語），由於純屬興趣之會，所以，也沒有特別要求他必須認真學習。

後來，這個研究會解散了，但是他卻貫徹了當初研究會的宗旨，到馬來西亞旅行，終於在該地留學，並且在該國結交了不少知心好友。

其交遊之廣，遍佈社會各個階層，有馬來人、華僑、日本留學生、商社職員及海外協會成員等。

其實，以筆者看來，這幾乎是奇蹟般的轉變。因為他在國內時個性上顯得有些乖僻，最不擅長與人交際。但是，經由馬來語這個媒介，似乎使他脫胎換骨，和每個人都可以建立良好的友誼關係。

T回到日本之後，即活用這些人際關係，開始從事商業活動。其業務是有關馬來西亞的所有經營指導。譬如貿易、海外投資、旅行、研修或翻譯等。

T是個非常節儉的人，將住家改造成事務所，不必要的經費一毛也沒花就開始了營業工作。不過，業績卻蒸蒸日上，剛開始只止於跑跑腿之類的打雜工作，但是，目前卻經常出入於馬來西亞觀光局、國際事務局、豐田汽車廠等大規模的公、民營機構。

總而言之，從朋友的經歷看來，幾乎不動用手頭上的金錢（資本）的人，其賺錢或成功的機率似乎都比較高。

以筆者為例，在賺錢這回事上也從來沒有動過老本。

很久以前，擔當台灣的市場調查（不是受雇，而是承包來做）時代也是一樣，後來主管散發宣傳單——也是承包制——的工作，在十幾年前，每個月賺取三十萬圓的時候也沒有花過資本。到了現在搞起舞文弄墨的行業，除了稿紙及文具用品外，同樣地也是一點本錢也沒花。

當然，並不是任何行業都不需要本錢的，只是筆者所要強調的是「想要存錢就儘量減少資本的開銷去做買賣、生意」。

■為什麼埋頭苦幹還賺不了錢

任何人只要埋頭苦幹一定會賺大錢，這句話其實是個大謊言，除了極少部分的人之外，一般人再怎麼死拼活幹，收入並不會有太大的改變。

譬如，上班族的您，加倍工作會有多少收入呢？或者把勤務時間拉長一倍？其收入大概頂多是其倍數，或是一倍以下，從所花的時間及勞力來看，這種程度能算是賺錢嗎？

以我的觀點來看，花費了加倍的時間與勞力，如果所得到的收入僅倍數，並不能稱得上「賺錢」。只能說是和普通的勞動所獲得普通收入是一樣的。

那麼，自營業者又如何呢？他們的確比上班族在單位時間的收入較高，而且有時候如果多花一點勞力，可能會有一筆高收入。

但是，其所得也有限。想要認真工作，一整天地勞動，收入也是平平而已。相反地想要輕鬆一點，雇些人來分擔工作，反而增加經費，對收入毫無助益。

這麼說來，到底哪一種人才是賺大錢的人呢？以仙道帝王招財術的立場來看，是工作量越少，錢又賺得越多的人。

大資產家是不用說了，就以公司內的經營幹部來說吧。這些人地位、階級越高，但相對的工作量卻越少。

譬如以課長和社長相比，哪一個的工作量多呢？

當然，經營幹部的責任是比一般職員要重，休假可能也較少，但是以工作量而言，和一般職員相較之下，簡直是無事一身輕。

當然，筆者並不是以實務的工作量來決定工作的多寡，只是比起鎮日束縛在辦公桌上埋頭苦幹的職員，經營幹部自由就較多，而且所得的薪水也較優渥。

自營業中也是同樣的道理。譬如販賣日常雜貨的老闆，每天守住店面，其收入也不過略勝一般的上班族而已，而店頭大商品銷售情況好的老闆，就比雜貨店的老闆輕鬆多了，而且所獲得的利潤也高。

換言之，埋頭苦幹卻賺不了錢的情況，以「氣」的立場來分析，是「氣」的方向弄錯所造成的結果。朝著錯誤的方向，再怎麼努力也沒有結果。所以，錢財是上不了門。

總而言之，以「氣」的理論來看，不需太過勞動，成天似乎逍遙自在的人，比小心翼翼埋頭苦幹的人更容易賺錢，是必然的道理。

其理由從筆者的例子就可以明白。當筆者決定購買房子時，很慶幸有一大堆的邀稿，忙得昏頭轉向，而且錯覺地以為這種忙碌就是賺錢（這也是一般人的錯覺）。但是，結果使自己厭惡了寫稿的工作，不僅如此，連寫作的靈感也消失殆盡。

事情的結果也是理所當然。當稿件催得緊時，不但無暇讀書，連與人談天說笑的時間也沒有。

當然，為了寫作必須閱讀一些參考資料及書籍，也要和出版社的人見面，不過，除此之外，全在忙碌中失去了自己生活的樂趣。

當這種狀態持續下去會有什麼結果呢？對了，就是才源枯竭，漸漸寫不出有趣、吸引人的東西了。最後全落到被出版社及讀者遺棄的命運。

為了避免這種下場，只有減低工作量。一般人對於減少工作量都有些心理上的排斥感。不僅會覺得似乎失去工作的意義，也會不安地以為收入可能會減少。我起初也是這麼認為。

但是，事實上這種擔心是多餘的。非但工作的壓力不見了，而且收入還反而增多。

自覺得不可思議，於是觀察一下自己朋友的情況，才發覺空暇多於工作的人比比皆是。而且這些人比辛辛苦苦勤勞工作的人收入還要多。

以「氣」的原則來說，雖然遊手好閒或者只做自己喜歡做的事，並不見得和賺錢有直接的關係，但是再怎麼忙碌，辛苦地工作也不會增加收入。

■做牛做馬似地勞動的效用

話雖如此，筆者並沒有否定像做牛做馬似地辛苦工作的必要性。因為它也具有成為有錢人的某種效用。

其效果是，它會使人提升自己往更高一個階層——亦即朝更多收入階段的工作努力。

換言之「做牛做馬似地勞動」雖然本身和收入的增加沒有直接的關係，但是，它卻可以使人往更高收入的階段，提升自己的工作能力。

但是，在運用這個技巧時，卻不可以忙得不週轉。一旦踏上更高層次的工作領域，就要改變工作的狀況——必須悠哉地工作，甚至不必要太過勞動。如此持續一段時間之後，如果想要稍微增加一些收入，再找工作勤奮地有如做牛做馬似地埋頭苦幹。然後，再逍遙地過生活。

如果能夠記取這些要領，收入一定會節節地提高。當然，如果覺得物質享受到此程度就可以時，就專心地過神仙式的逍遙生活吧。

假設疏忽了這項要訣，後果就嚴重了。

對工作的幹勁會突然之間枯竭殆盡，雖然已經提升到財源廣進的地位，卻一個錢也不上門來。這一點有許多具有同樣經驗的人都可以做證，所以，希望各位千萬小心自處。

下面把這個要領做一番整理。

①做牛做馬地辛勤勞動，只限於想成為財源廣進的地位，或想發憤工作時。

換言之，想提升比目前的工作更高層次的階層時才為之。

②當擁有了較高的地位，或者擔任效率較好的工作時，就要改變以往勤奮工作的態度，過著逍遙自在的生活——換言之，擁有更多可以自由使用的時間。

以上是成為有錢人的第二項秘訣。

另外，對於閒來無事、悠哉自在的生活，千萬不可以認為是可恥，或是罪惡的行為。

■為何與人合作就賺不了錢

有許多辭去上班族職位的人，都喜歡和朋友一起合作共創事業。這個方法看起來似乎「眾志成城」一定發大財。事實上情況恰好相反，大部分都是事業成功了，但是手頭上的盈餘卻寥寥無幾。

理由很簡單。因為所得的利益必須大家平分。賺錢這回事一個人獨占才多，與人平分之後所剩就不多了。

與人共創事業時，要比上班族的時代更加倍勞動，神經也緊張不敢懈怠，當整個組織開始有了盈餘、利益，而自己所得到的卻和上班族的薪資不相上下時，就會懷疑、抱怨為什麼要繞這麼一大圈來做這些予已無益的事。

筆者就是最好的實例。從以前擔任台灣市場調查員開始，到後來搞起貿易的行業。古董買賣、負責總監宣傳單配發、承包公司職員研修、宣傳廣告事務所等等，都和朋友一起合作，從來沒有一次賺到錢。

但是，目前我從事寫作的工作，純屬個人利益的行業，所有的收入不需分給別人，全往自己的荷包塞。

從「氣」的觀點來看，所謂「志氣相投」者，是指帶著容易和自己協調的「氣」。因此，當一堆赤貧者聚集在一起，赤貧之「氣」就互相融合，並且造成相乘效果，引發了一股強力赤貧之「氣」。所以，想賺錢是不可能的。

當然，共同事業並非百分之百都是這種下場，有時候也會因與朋友的合作，而得到不少利益。

譬如，我以前負責配發宣傳單時也是獨享利益。為什麼會有這麼好的利潤呢?是承包制的關係。

收入。

當時，一般大學剛畢業的初月薪資是六萬圓左右，而我卻有將近三十萬圓的收入。

當然工作並不輕鬆。從早上八點到晚上八點，連星期天都必須鎮守在工作崗位上。幾乎每天都埋在安排工作及調整糾紛等雜務之中。

但看到我的收入，一起工作的同伴不服氣起來，因為只有我的利益最多。由於利益分配不均起了爭執，只有二個月就結束這個頗有賺頭的工作。

諸如這般，和朋友共創事業是可能成功賺大錢，但是，也可能因此而招來同伴的嫉恨，甚至搞得雙方關係惡化，所以，共同事業的壽命並不長久。一提到金錢，親朋好友也可能反目成仇。

所以，我經常斬釘截鐵地對弟子們告誡說：「仔細聽著，和朋友合作一定賺不了錢。」

但是，弟子們都會認真地反問：「為什麼?志氣相投的朋友聚集在一起工作，應該反而會使事情更加順利進行才對啊?」

不得不我再三地分析與朋友共創事業之所以賺不了錢的理由。

「是啊，這些朋友都是志同道合，但是，問題就出在這兒。」

「咦？」

「不明白嗎？志氣相投的朋友聚集在一起，就是一些赤貧之『氣』的男人大團結。這些人聚集在一起所形成的組織，就帶有赤貧之『氣』。」

「赤貧之『氣』所聚集的組織……」

「是，一堆赤貧漢聚在一起，赤貧之『氣』比一個人單獨時還要強烈，這樣的組織，財運都要退避三分。」

「嗯……」

「你們好像還不明白的樣子。那麼，再說得詳細一點。朋友之所以聚集在一起工作，是因為沒有個人獨立經營事業的自信，因此，才想借助朋友之力以組團體。這樣的人湊在一起，並不會彼此為自己的工作拼命苦幹，業績當然就不好。若是個人獨力經營，從業務到錢財的周轉，都必須咬牙苦幹。但是，一旦有了同伴，就會產生依賴，整個組織的力量就低落了。所以，只變成上班族組織的延長而已。」

「老師的意思是，一群沒有自信的同伴結合在一起，由於大家都不會拼命地幹活，所以，共創事業的結果並不好囉？」

「對了，你們似乎明白了！」

「不過，組織的靈魂人物若是勤快又能幹，情況可能大不相同？」

「的確，在這種情況下，有的組織可能會形成一股團結力。但是，當組織的事業順利，該靈魂人物也許會為了獨享利益而脫離，或者覺得同伴已經失去利用價值就自立門戶。不過，這種脫離團體再創個人事業的人，好不容易招來的財運也會遁逃無蹤。」

「財運會遁逃無蹤？」

「一個組織的事業開始走上軌道，而自己也多少享受到利益時，其功勞並不在個人，而是得力於整個組織的能力所賜。如果從組織脫離自立門戶，該人所具有的組織之『氣』能力就會消失殆盡。換言之，又回到赤貧的狀態了。」

「和朋友共創事業，何以賺不了錢的理由，從老師的分析中已經漸漸明白。不過，並不是說共同事業百分之百都會失敗吧！」

「當然，當然，只要遵守三個條件，共同事業仍然有成功賺大錢的可能。」

「第一個條件是什麼？」

「第一個條件是構成人員不可求其平等。」

「這是指在工作上分上下等級，做職務的分擔嗎？」

「最好在收入方面也依個人的職位，制定固定的比率。簡單地說，就是和公司的組織一樣。最好是自己當經營者，而其他同伴就當作職員，如此一來，一定賺錢。不過，其代價是必須提供資金，或者負責資金的周轉。」

「那麼，第二個條件是？」

「不要和類似境遇的朋友合作。為什麼呢？既然要開創事業、想賺大錢，就不要找和自己帶有同樣赤貧之『氣』的朋友。這個理由在前面已經說得相當明白了。為了賺錢的同伴，即使個性上多少有些出入，也一定要選擇絕對有錢，或者與金錢有緣的人。」

「這個我懂了。」

「第三個條件是必須利用組織。」

「要怎麼利用呢？」

「當組織的情況順利時，就要開始自組個人的新組織。不過，這時候自己必須主掌組織內的業務活動。換句話說，要和顧客打好良好的關係，一旦自己脫離了組織，也有工作上門。」

「這樣不是有點忘恩負義嗎？」

「若這麼想，一定成不了大富翁。我已經看過無數的朋友只創事業，最後落得不歡而散，甚至動起干戈的例子。其實，為了賺錢和朋友合作，本身就是在利用人。到後來還需要講什麼仁義道德嗎？」

「話說得沒錯。」

「賺錢這回事，和學校裏的玩遊戲是大不相同。從我個人所見及經驗來看，沒有這一點狠心是甭想和朋友共創事業會賺錢的。」

以上就是筆者對於「與朋友合作賺不了錢」的見解。

最後，再告訴讀者們一件重要的事。當自己賺到了錢，絕對不可以向別人吹噓炫耀。尤其是對於自認為最了解自己的朋友、知己，更要三緘其口，小心為要。

理由很簡單。因為「身居高位則遭人怨恨，身上多金則惹人嫉妒」。沒有人會對於別人的成功之談抱以稱許祝福眼光的。朋友、知己可能在表面上說聲「恭喜」，但是背地裏一定痛罵：「你這個畜牲。」

而成為自己的朋友、知己者，大多是有類似境遇之人。正因為如此，如果同伴間有人突然飛黃騰達起來時，心底反而不太舒服，因為只有他一個人飛上了青天，享起榮華富貴。

在這種情況下，成功者無時無刻地飽受周遭怨懟之「氣」的攻擊。而這種怨懟之「氣」就會嚴重地妨礙財運上門。

甚至當自己有了金錢與地位時，反而會遭到朋友的利用。如此一來，所賺得的錢財，就有多數可能被剝削掉。換言之，以錢賺錢就困難了。

基於這些理由，即使成功賺了大錢，也絕不可以向旁人吹噓炫耀。假使不小心說溜了嘴，也絕對不可以張揚所擁有的具體資產額，話一出口就完蛋了。以後就有一些以金錢為目的的朋友、知己向你糾纏不清。

這一點請各位銘記在心，特別留意。

格言二句——

賺錢與朋友難以兩立。

要成為有錢人，就要廣交有錢人的朋友。

3.根據帝王招財術之「氣」的吸金法

■仙道式「氣」的感應指南

在此為讀者說明，在仙道帝王招財術中的最主要秘訣，即利用「氣」的感覺之賺錢秘訣。

這是仙道帝王招財術中最重要的一項秘訣，若不熟習這種能力，想要招金聚財可就難了。當然，沒有這種能力並不見得就無法吸引財氣，但是，其效率比起懂得運用「氣」的感覺的人就顯著地低落。

因此，在這裏先介紹簡單的「氣」的感應法，還不熟悉的人一定要做做看。

(1)「氣」的感應法

①將你的雙掌強烈地摩擦數十次，直到發熱到無法忍耐的程度，再分開雙掌約一～二公分。

②將此雙掌緩慢地往前後、左右、上下擺動。

③這時候手掌會感覺到一陣「嘶～嘶～」的感覺；或者一股辣麻感、壓力般重感；如被磁石吸住般的感覺；被用力彈開的感覺等，這些就是「氣」的感覺。

④接著在手掌中找出這種感覺特別明顯的地方，在該處專注地集中這種感覺，再慢慢將此感覺擴充到全掌。

(2)擴大「氣」的感覺法

當雙掌之「氣」的感覺非常清楚後，接著把這種感覺感應到其他的對象。

①做前項練習，當雙掌之「氣」的感覺非常明顯之後，接著把雙掌往別人的

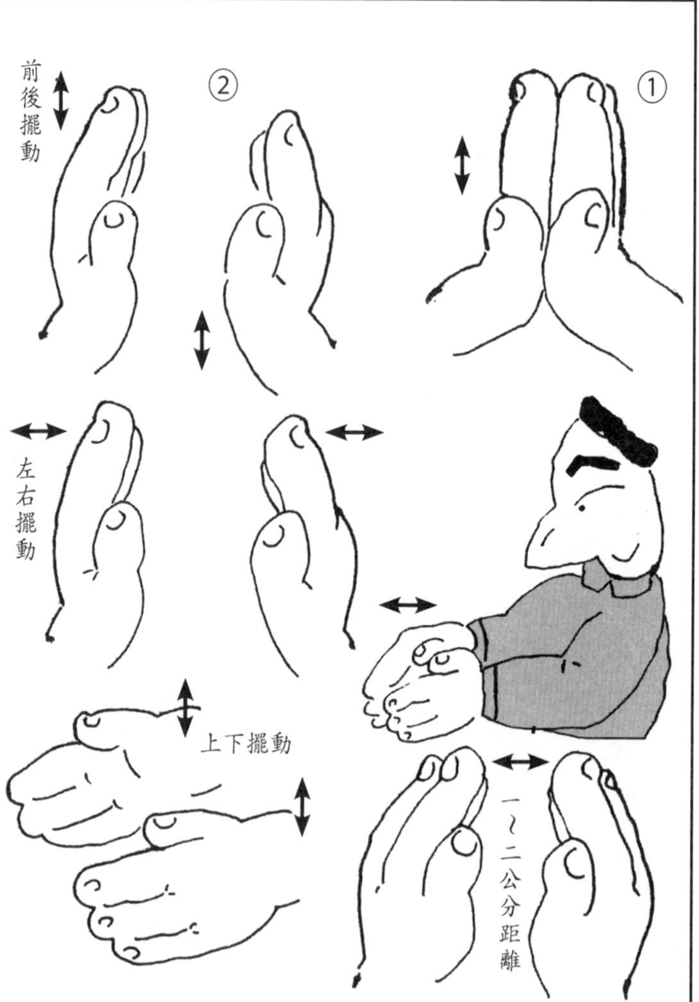

「氣」的感應法

擴大「氣」的感覺法

掌上靠攏。這時對象最好是所認識的人，否則可能引起一些無謂的誤會。

②最好是掌對掌靠攏。請求對方的協助，讓彼此的雙掌做靠近、離開及上下左右的移動，而感應此時「氣」的變化。

③接著將雙掌靠攏對方身體的各個部位，如頭、胸、腹及四肢等。從這些部位感應「氣」的不同。

④最後，將雙掌隨處地靠攏盆栽中的植物、電氣用品，或者其他各種物體。進行到這個地步時，可不限時、地，將雙掌靠攏身邊的所有物品，從這些地方感應「氣」的感覺。

到了以上的階段就可以實際地應用

「氣」的感覺，來實踐下面將要敘述的各種秘訣。當然，並不是說尚無「氣」的感覺就完全無法運用這些秘訣，所以，即使還不懂得「氣」的人，也可以利用這些秘訣。只是在效率上比懂得「氣」的人要顯得低落些。

那麼，就進入本題吧。

《帝王招財術》錢財與工作滾滾而來的秘訣

一些練習仙道而一身赤貧的人經常問我：

「怎麼才可以變成與金錢結緣的人？」

「很簡單啊，只要抓住一些工作與金錢就好了。」

「但是，要怎麼抓呢？」

「傻瓜！你修練那麼多年的仙道還不明白嗎？只要運用『氣』的感覺來抓牢工作之『氣』與金錢之『氣』就行啦。要領和抓住周遭的物體，譬如樹木等所散發出來的『氣』是完全一樣的。像我就是利用這個方法，經常拉拔工作或金錢，才有這樣的生活啊！」

但是，大多數的赤貧人都不把這些話當話，仍舊往貧乏仙人之道邁進。不過，其中也多少有例外的人。他們都是察覺這個秘訣的神奇，而獲得良好的成果。接下來就介紹二～三實例供大家參考。

(1) 抓住工作又抓到社長寶座的青年

我有一位朋友叫加藤先生。這個人以從事跑外務的工作為生。後來由於對仙道產生興趣，就在這方面猛下工夫。

加藤先生是比較具有超自然偏才的人，但仙道的認知感不太好，所以，進步不多。

而其最大的現實問題是，一身赤貧連老婆都快養不飽。有一次為了參加自我監發研討會，必須二十萬圓左右的花費，這對他而言，是過於強求。

不過，為了激勵他，於是把仙道帝王招財術傳授給他。因為筆者認為在生活的重壓之下，是無法練就什麼仙道的。

九個月之後，我聽到有關他的一些消息。據說，他不但賺到參加研討會的二十萬圓費用，還有了六十萬左右的積蓄。而且還利用這些錢帶著愛妻到中國旅行了三個多月。

後來，有個機會碰到他，就問他何以能夠在短期內賺這麼多錢？

他面帶笑容，一五一十地告訴我——。

「正如老師所說的，先默唸著『金錢快來啊！來啊！』然後拼命地存錢之後，儲金就莫名其妙地一直增多。其實，我也沒有『做牛做馬似』地幹活，真不可思議。現在的工作改為抽成式，賺得更多。而我也是決定一個目標額，然後每天唸著『工作快來、工作快來』，做財『氣』流入體內的冥想，工作就紛紛上門了！」

其後，又和他一起修練仙道，才幾個月不見的他，卻已經有相當驚人的進步。那時候我深深地覺得他簡直是改變了「氣」——也可說是運氣之後，一切都趨向好轉的最好典範。

現在他在故鄉經營一家木工店，身當社長，經營得大有賺頭。當然，支持其自信的就是筆者自創的仙人意志力所養成的。

(2) 發揮逆境中的勇氣而達成願望的仙人製圖家

另外有一個人叫做三腰先生。他在名古屋從事設計的工作，其成功的歷程也是同樣的典型。

這個人也喜好仙道，本身素質不差，進步得比別人都快，大概在家裏也勤加練習的關係。

不過，與其道行的進步，相反地生活得也是赤貧如洗。我還記得那時候他經常抱怨著說：「才剛結婚，又沒錢，真傷腦筋！傷腦筋。」

大概具有所謂的超能力，或神秘訣行之人，多半都是這種類型。因為從來沒有碰過富豪子弟想參與此道的。也許正因為現狀不太好，才想練仙道改變運勢。

為此，對於前來與我學習仙道——也可以說是一項超能力或神秘行——的人，都附帶地指導他們改善目前的運氣。這也是傳授仙道之際的一種麻煩。

不過，不教導他們這一點，仙道則永遠無法進步。倒是這些人本身卻認為這與仙道是不相干的兩回事，叫人真是沒辦法。

對三腰先生也和當時的加藤先生一樣，以筆者的親身經歷，仔細地為其說明包括各項秘訣的仙道帝王招財術。

然後，一開始筆者就鼓勵他利用這些秘訣，試著在短期內賺取一百萬圓。

但是，他的情形卻看不出一點效果。非但如此，反而處境更加惡劣。那時候他的妻子因久病臥床榻，而他自己也因為得了職業病——設計師的工作一整天面對著製圖板，常常弄得腰酸背痛，及染患痔的痛苦——而入院了。

最糟糕的是，他辭去了公司的工作，自立門戶，以承包的方式開始了自己的事業。

太太病弱、自己也因病住院，再加上失業，生活狀況真到了山窮水盡的地步。

不過在入院前倒也湊到了十五萬圓，只是往後的住院及生活變得非常窘迫，那有工夫再存一百萬圓。

我只是靜坐觀察他的變化，大約半年之後，他前來報告說已經把剩餘的金額賺起來了。除去生病的時間，大概只有二個月的活動時間，怎麼辦得到呢？連我都不禁大吃一驚。

當他來到東京時，一見面就立刻問他這個問題。

「怎麼湊足的我也不太記得了，只是，在毫無辦法的時候，想到老師的教誨，就依您所言的，先決定一個必要金額，再全力抓住工作，當工作上門之後，不知不覺地就有許多工作也隨之而至。那種感覺簡直是招架不住。到了後來，就是反覆地確認所儲存的金額，以及再加足馬力工作。似乎是配合著我的需要就有錢進來似的。」

「現在我反而覺得這些秘訣比仙道之行更對仙道的進步有益，老師您對我的指導非常多，而我確信這對我才是最有幫助的。」

從三腰先生的實例可以明白，只要把所必要的金額深刻地牢記在心，再依這個目標行動——勞動——就行了。

當然光憑這些似乎令人難以置信，但是，在仙道上確實有其特別的效用。

其實，在仙道中不光是想像而已，它還運用「氣」的感覺，將尚未具體呈現的工作之「氣」——也可以說是財「氣」吸引過來。

對於不懂得「氣」的感覺者而言，什麼叫做吸引「氣」，一點也不清楚，但是，對於懂得「氣」的人來說，這不是什麼困難的事。就好比向身旁的樹木吸引其「氣」一樣，同樣地也可以吸引財「氣」。

關於這項秘訣，在下面的章節會再仔細說明，請耐心地閱讀下去。

■吸引金錢、工作的各種秘訣

介紹了二則典型的實例之後，接著要進入本題，談談何謂《仙道帝王招財術》中「吸引金錢及工作的秘訣」。

在此有一個非常適切的實例，就以該實例為骨幹，詳述這個秘訣的作法及其各種應用方式。

在京都的針灸學校求學又對仙道頗有興趣的一名學生叫做鈴木。他白天在東洋醫學關係的學校（針灸等）上課，晚上練習空手道，生活是清貧如洗。

學校方面的費用，家裏會貼補一些，但是，自己若不賺錢就相當拮据。因此，利用早晨空暇的時間，在麵攤上打些零工。不過鐘點費並不高，所以口袋裏總是空空如也。

像鈴木這樣的窮學生，卻有一項超人的神通。就是當非常需要錢時，立刻就能湊足該筆數額。即使是幾十萬圓也不花什麼工夫就到手了。我是在一個偶然的機會裏察覺到他的這種能力的。

那是在幾年前，一群仙道的愛好者所舉行的新加坡之旅，他也參與其中。由於新加坡位於文化的交差點，各式各樣的料理、藥草、宗教用品等都可輕易得手。而我們這群人的旅行目的就是遍嚐各民族的料理，並在氣候溫暖的環境下修練仙道，同時購買一些漢藥或咒術等所使用的宗教用品。

由於正值旅遊旺季，旅行社方面生意興隆，我們的行程安排一再地更改，費用也增加不少。最後在幾次折衝下，終於決定五天四夜的豪華級旅程，一個人的費用高達二十八萬到四十二萬日幣之間。

臨行前只有二個月時間就搞得如此雞飛狗跳，要收集旅費更是大費周章。不過，參加的人員大多是在職者，多半有一些積蓄。只是我想到像鈴木這種窮學生，大概要臨陣脫逃了！

事實上，他在決定同行的時候，身上一點積蓄也沒有。再加上後來由於行程多次變更所造成的費用增加，任何人都覺得鈴木鐵定付不出這筆費用的。但是，在付款的最後期限，身無分文的鈴木卻湊足了金額如數交齊。

當然，這其中的原委我一概不知，直到旅行平安結束，回到日本之後我才曉得。

原來在短短的二個月內，這位窮學生賺到了四十萬圓。這個事實對我而言是件不容忽視的大新聞。所以，等他一到東京，就立刻問個水落石出。

(1) 鈴木式的吸金秘訣

他對於我的疑問，做了這樣的回答——。

「我借了一點錢，不過，在新加坡買了一些老師您所推薦的漢藥，回到國內銷路非常好，把這些收入剛好完全地償還債款。」

「其實，學費也要四十萬圓，我賣了一個壺得了二十萬圓，所以，幾乎也剛好交清學費。」

把他的話整理一下，也就是說他一次就有將近八十萬圓的收入。到底這八十萬圓的詳細情形又是如何呢？再聽聽他的詳細說明。

原來他在臨行前身上一毛錢也沒有，在窮急生變之下，就試著運用財「氣」的吸引法。

「自從我修練仙道之後，就常常這麼做。一遇到有非常急需的金錢時，就利用財『氣』吸引法。在心裏默唸著『錢來啊』『錢來啊』，結果心中就出現一雙手，那雙手就用力地在拉拔『氣』。」

他一邊說著，一邊做出雙手彷彿在砂堆裏抓砂的姿勢。那個手勢非常快，看起來好像一陣蠕動。

「做這些冥想時，不知不覺地好像看見一條細長管道，當覺得這條管道好像和自己連結在一起時，數天之後到幾個禮拜以內，所需要的金錢一定從某處滾進我的錢包裏。這一次特別多，二十～三十萬圓就在期限前湊足了。」

「剛開始，我以為這只是一種意識上的作用。但是，『氣』的感覺非常明顯時，才發覺它事實上和現實的自己的『氣』狀態有極其密切的關係。因為做了這些訓練之後，假使自己的『氣』稍有鬆懈，效果就不好。當金錢還未上門之前，一定要用意識來支配它，使流入體內之『氣』不致洩漏。」

「剛才口口聲聲地談到『氣』，其實也可以說是金錢。在這個時期，若不抑制零碎的花費，當初在意識中所吸引的金錢就神奇地不會上門。相反地，若能牢實地節制開支，所需要的金錢一定會從某處鑽進你的荷包。只要謹守住這一點，一定會有喜從天降的效果。」

鈴木的這一番話的確發人省思。

新加坡之行，就是實踐了這個秘訣，才以高價賣出一只壺。而那只壺是一位打空手道的朋友，當作贈禮送給他的。

本來那時候也不覺得一只坊壺能值多少錢，但是，當正為了旅行的費用大傷腦筋時，卻有收集這類壺具的朋友出現，看到這只壺即以三十萬的高價收買。

但是，壺是賣掉了，當時卻沒有其他的收入。不得已才向許多人告貸，湊足了旅費才參加新加坡之旅。

在新加坡，鈴木購買了許多筆者所推薦的武術用打傷療藥——服用的、貼的、塗抹的都有，是練武者所必備之物——回到日本之後，在練空手道的朋友間銷路特佳，不一會工夫全賣光了。

這些打傷藥所賣得的錢，剛好還清所有的債務，不知是鈴木的運氣好，還是神通廣大，連我都聽得目瞪口呆。

因為大量購買打傷藥的並不只有鈴木一人，但是，除了他之外，沒有一個人出清這些藥品。

(2) 利用符咒式吸引工作及金錢的秘訣

鈴木的情況是在心中萌生一雙意識之手以拉扯「氣」的源流——他自己是以管道來表示——其實，應用的方法因人而異。

譬如，下面是我以前常用的方法。

①這是仙道的符咒式。正式的做法是將雙手合攏於胸前、閉上眼睛。

②接著，在下腹使力，默唸「工作來啊！」或者「金錢來啊！」

③如果所吸引的對象是物品等有實體的形狀時，除了上列的做法之外，還必

符咒式秘訣

須在閉目中凝視著胸前的空間。當彷彿眼見到該物品時，就呈現意識之手——真的手已經交握於胸前——抓住該物品舉起來。

如果這時候有一種「抓到了」的感覺時是最好不過的，當達到以上的感覺狀態時，所渴望的東西就可不勞而獲了。

(3) 仙人式吸引工作及金錢的秘訣

按下來是我以前的弟子經常使用的方法。這個方法完全抄襲仙道的「吸引超自然現象的秘訣」而來。

既然能夠誘出超自然界所沒有實體的現象，要吸引金錢及工作——這些在本質上也是沒有實體的東西——更是易如反掌。這個效果已經有許多實例的應證，大多數的人都可以利用這個秘訣吸引工作及金錢。其做法如下。

①如幽靈般地伸出下垂的雙手。

②接著一邊用雙手召喚著空氣，一邊胸前縮緊雙手。

這二個動作要配合著心中強烈的默誦「金錢來啊」或「工作來啊」，並反覆

仙人式秘訣

行之。最好做上數十次。

如果是懂得「氣」感覺的人效果更好，甚至會有「來啊」的真實感。習慣這個秘訣之後，並不需要實際動手，只要在心中意識出一雙手，默誦著「金錢來啊」「工作來啊」，就會發揮神奇的效果，一定從某處鑽出金錢與工作來。

以上介紹幾種應用方法，都大同小異，而其中重點只有二個。

①在心中默誦「金錢來啊」、「工作來啊」。

②配合著這個默誦，在心中呈現一雙意識之手，以抓取目標之物。

只要做到這二點，金錢與工作一定會上門來。

至於應該選擇那一種秘訣，依個人的喜好而定。不過初學者最好從「仙人式吸引工作及金錢的秘訣」入門，當已經純熟到不必動用實際的雙手時，再試行其他的方法。

下面是各個秘訣所具有的特徵。

☆鈴木式——適合稍微熟練者。

☆符咒式——適合精力不足者，以及渴望有超強效果的人。

☆仙人式——適合初學者，以及懂得「氣」的人。

■想成為有錢人就與有錢人來往↓財氣同調訓練

接著來談談「氣」的同調問題。所謂「氣」的同調，以氣功法的用語而言，是指自己的「氣」與對方的「氣」完全相同的一種現象。

筆者是在練習氣功法時，察覺到這個現象。當我和弟子們一起練氣功時，突然發覺似乎和對方完全合而為一，那種感覺非常奇妙。

奇怪的是，這時候當自己做出某些動作時，對方一定也立刻表現出同樣的動作。而且對方的動作絲毫沒有一點紊亂，甚至連對方正在思考什麼，我也一清二楚。

而對方對我的一舉一動，也立刻有相對的反應出來。彷彿我們二人是同一個人似的。

其實，「氣」的同調現象，並不止於氣功法上所見，在我們人類社會中隨處有這種現象發生。「志氣相投」就屬其中一種。譬如說和女朋友合得來，和上司合得來，都是「氣」的同調現象。

「氣」的同調，很難用言詞說明得清楚。它是一種感覺上的問題。當兩人合得來，產生「氣」的同調現象時，正如古諺所說的「近朱者赤、近墨者黑」，雙方的性格、行為很容易互相影響。

所以，如果你想成為有錢人，就要好好地利用這個「氣」的同調現象。換言之，要儘量與有錢人交際往來，使自己的「氣」與有錢人之「氣」產生同調。

有的人也許光看字面意思，覺得做來並不容易，其實它的秘訣非常簡單。只要接近有錢人，配合他們的行動作息就行了。

我個人就有這樣的實際經驗。接下來就以筆者的實例，來敘述詳細的方法。

秘訣(1)——與有錢人之「氣」同調

這個秘訣先從接近對方開始。而接近的程度，並不光是距離的問題，最好在意識上有若如影隨行的感覺，否則這個秘訣就派不上用場。

接下來就談談筆者的體驗。

筆者曾經和一位貌美又多金的女性有過「氣」同調的經驗。這位女性在美人群中是屬於商業手段相當高明的聰明兒，經常利用傳播媒介賺取零用錢花。雖說是零用錢，其實只有幾天就賺了二十萬圓左右，可見她的手段、智慧高人一等。

不過，長得貌美又會賺錢的人，仍然有其美女特有的一面——愛虛榮。只是由於賺錢的才能相當突出，所以雖然有愛好虛榮的散財癖性，在財運方面還相當不錯。這一點和許多平凡的人大不相同的地方。

原因是她具有一種「氣」，亦即能輕易地吸引工作及金錢之「氣」。

我雖然兩袖清風，但是身為仙道修練者，對「氣」的感覺非常靈敏。況且對方身上是帶有與財結緣之「氣」。

我認為不可錯失大好良機，所以，就讓她的「氣」和自己的「氣」同調。當時所運用的就是下列的秘訣。

在意識上與對方財「氣」同調的秘訣

①發自內心地努力去了解對方。

②使自己的情緒完全配合著對方的情緒起伏。

③配合對方的飲食習慣與興趣。

④研究對方的行為模式，再與其配合。

⑤儘量和對方長時間相處。

只要做到以上幾點，「氣」自然而然就會同調在一起。接下來就執拗與對方往來交際，直到效果出現。

而我因為對「氣」十分了解，所以，當同調現象一再地進行，以往本身所積蓄的能力更助長其氣勢，不多久就比她更與金錢有緣了。

這個秘訣如果應用在與對方氣息相合，或者經常相處在一起的情況時，效果比較好。所以，對方若是異性、親友、親戚時，最適合使用這個方法。

秘訣(2)——吸收有錢人之「氣」

在一個偶然的機會裏，我和角川書店的社長認識了。他是眾所周知的商場鉅才，其財運之強無可限量。不過，他所擁有的財運，對筆者的與財結緣之「氣」的形成相當有幫助。

第一次到他的府上拜訪時，著實嚇了一跳。因為滿屋子供奉著神像及佛像。尤其感覺最強烈的是，從祭祀場所中所散發出來「氣」的強勢，好比一股強大的壓力向我逼近。

難怪他是眾人稱道的超級經營者。事實上他還擁有一座廟寺，並且擔當寺廟的主持。

和他閒聊之中，聽到一則有趣的事實。當他在下賭注時，經常會有不尋常的第六感。尤其是打麻將，已經超過高手的領域，連對方的牌都可透視得一清二楚。

因此，聽說在傳播媒體界，他的麻將也是所向無敵，連有名的麻將作家對他都動不了尊口。

我對於賭博、下賭注方面並沒有興趣，但是，對他身上所散發出來的一股「氣」力，特別有印象。因為比起前述的美女，他的財「氣」更強烈了。

這一比較衡量之下，我覺得必須從他身上獲得這種「氣」力，所以，以後每次和他見面時，不僅與他的「氣」同調，還積極地吸收他身上的「氣」。

吸收的方法和普通「氣」的吸收法一樣，只是面對面時，無法做出手的動作，只好利用意識法，想像對方所擁有的財「氣」，不停地往自己身上流貫。或者更強烈地在意識上感覺自己猛力地吸取對方身上財「氣」。

當然，這個秘訣是用於不太見面的人，或者即使見面也只有短暫時間相處的人。其餘的人最好使用(1)項的耗時間與對方之「氣」同調的方法，這樣的效果比較大。

後來由於各種事情，和角川社長就不再見面了。不過，我發覺自己身上已經具有與他相似之「氣」，只是不比他強烈而已。

慢慢地我發覺賺錢並不困難，甚至有時候還相當容易。有了這樣的感覺之後，只要應用一點小秘訣，就有數百萬圓的錢財上門。

到了最近才深深地體會到，以前那些有錢人口口聲聲地說「賺錢不難啊！」的話中道理了。換句話說，所謂賺錢，就是讓自己擁有能夠輕易地吸取金錢之「氣」。

所以，你想成為有錢人，就儘量與有錢人來往，讓自己與有錢人之「氣」同調。

另外，特別附帶一提的是，和有錢人交往，一定要留意下列事項。

①不可以在自己手頭吃緊時向對方借貸或強索物品

有錢人長久和這樣的人來往時，會覺得不勝其煩。所以，現實生活中所必須的花費一定要自己籌措。

②不要有如跟屁蟲似地緊追不捨，也不要顯得輕妄無禮

他們都自恃甚高，當身分地位比自己低的人以這種態度和他們來往時，他們會覺得相當討厭。

來往。

③ **不可向別人吹噓和有錢人來往**

這一點是他們所討厭的。因為，他們害怕被相同階層的人恥笑竟然和赤貧者來往。

④ **做他們的忠實聽眾卻不散佈謠言**

當他們會開始向你發牢騷、吐苦水時，你就可以成為他們的親信好友。

但是，對於他們的牢騷一定要守口如瓶。口風不緊或不守秘密的人，對他們而言簡直就是等待他們失敗的敵人。

以上是和有錢人交往時的另一種秘訣。如果謹守住這些要點，和有錢人來往時，一定會產生「氣」的同調，不久與賺錢結緣的豐盛之「氣」就是你的。

■想要錢就要留意自己的錢包

你曾經注意過自己的錢包嗎？以個人所知，赤貧者從沒有人會留意它的。

因為赤貧者即使會在意自己的裝扮修飾，但是，對於最重要的錢包卻從來不正眼一瞧的。

如果你想成為與金錢結緣之人，千萬不可以如此。反而要替金錢的「居所」花心思，替它找一個最合適的場所。

我是在一個偶然的機會裏察覺到這件事，從此之後就經常注意錢包的款式、顏色等。結果不出所料地，我的錢包都經常飽塞錢財。

關於這方面還有許多的技巧，主要的秘訣有下面三項要點。

①注意錢包的形狀、顏色的秘訣。

②在錢包內放置吸引錢物品的秘訣。

③利用「氣」的能力使錢包吸引金錢的秘訣。

各個項目都有詳細的實施要領，接下來就一一說明之。首先來談注意錢包的形狀、顏色的方法。

(1) 利用錢包吸引金錢的秘訣

◎錢包的款式——

從外表來看，只要不會顯得一副貧相，或者外形奇特就沒問題。只是在剛開始的階段，仍處於赤貧時，最好避免使用太過華麗的錢包。由於品味不相當，反而會阻擋金錢的上門。總之，一般人所使用的平凡外形的錢包，最妥當保險了。

另外，從事特殊行業，譬如志在成為明星或藝術家的人，最好選擇較有個性的款式。但是，這並不見得和賺錢有直接的關係，所以，並不入此項中。

最好比較各種款式的錢包，看看帶那一型的錢包財運較好，就可以從中選擇了。

◎錢包的質料——

最好是真皮的。如果是合成皮，就留意它的色澤，選擇不會顯得貧相的。而真皮中的蛇皮、鱷魚皮等是有錢人所使用的，赤貧者最好不要選用。

另外，尼龍、塑膠或布質等錢包都不在考慮之列，帶這些貧相的錢包，一定不會成為有錢人。

◎錢包的顏色——

比款式更重要的是錢包的顏色。在賺錢的考慮之下，這一點的決定性較高。以筆者的經驗，大概有下面幾種傾向。

①黑色到深褐色——非常有錢的人，帶這些顏色就不會使錢財散失。但是，沒錢的人，帶這種顏色的錢包，錢財就不容易上門。從結論來說，當有錢之後，為了守住錢財，選用這種顏色是最好的。

②橘色到土黃色——這種顏色鮮豔的皮包，不知何故很容易招財進寶。我也是這類顏色的愛好者，帶這類顏色的錢包，錢包從來沒有虛空過。向別人推薦，結果都不出所料。

但是，這些顏色，如果看起來灰暗沈悶就不太好。這種感覺的錢包吸引不住錢財。

所以，剛開始是非常鮮豔亮麗的顏色，如果使用多時而顏色變得黯淡，就該淘汰換新。如果不注意這些細節，非但錢財不來，還會增加散財的不利。

③其他顏色——這就因人而異，它不像①、②的情形有萬人皆準的效果。有的人適合綠色的錢包，有的人帶白色的錢包較好，也許這和個人所具的靈氣有關。

只是這些顏色的問題點是，如果顏色不協調，反而會帶來反效果，所以，帶一個顏色奇特的錢包，可能使你墜入赤貧的深淵。

以我的觀點來看，①、②以外的顏色是可以當作其才能發展上的一種因緣作用，但卻不適用於招財聚寶。

(2) 在錢包內放置吸引金錢物品的祕訣

以筆者屢次的試驗，發覺下列物品頗有其效用。

①金的薄片或小型的金塊——幾錢左右即可。

②寫有招財進寶的字符。

③據說可以吸引財氣的物體。

④平面的漩渦狀物體。

⑤現金。

◎金的薄片或小型的金塊——

這些東西一定要純金，最好純度是九十九點九十九百分比。若是十八K金，吸引財氣的效果就差多了。鍍金的當然不在考慮之列，如果想用這些贗品來充數，一定無法和金錢結緣。

◎寫有招財進寶的字符——

這個字符若是相當完美，有令人滿意的效果，如果字符的設計不良，製作者敷衍隨便時，一點用處也沒有。

筆者的字符是台灣的某符咒師製作的。這個人雖然沒有名氣，但手法精妙，事實上，當我把字符放入自己的錢包之後——當然是鮮豔的土黃色——錢包內經常飽塞錢幣，怎麼花也花不完。

若沒辦法弄到這麼神奇的字符，如果能獲得稍具神力的字符，也有相當大的效果。

以我的仙道體驗來說，神社、佛寺所發行的護符還可以使用——可放入錢包內的尺寸。當然，符中的字句若有招財進寶之意者更好。

而絕對要避免的是，自己動手製作字符，這種行為只會斷絕錢財上門之路。

理由很簡單，因為赤貧者的執著全貫注其中。

基於同樣的理由，最好不要拜託以此為業卻營運不佳或手法不熟練的人製作字符。而儘可能請滿身財氣，大賺利市的人代筆。

◎據說可以吸引財氣的物體

這是我弟子的經驗。有些人在錢包放大衛之星、梵字的護符、圓形護符、狐形、翡翠、鑽石等，而其效果因人而異。只要該物品和純金或招財進寶之義相關就可以。

◎平面的漩渦狀物體

在形狀上而言屬於漩渦狀，或與此類似的物體。具體而言有下列幾種：

①描繪著精確漩渦條紋獎章之類的東西。
②描繪著太極圖形的獎章式物體。
③描繪著傳統式紋章或傳教的「卍」標誌的獎章式物體。
④成漩渦狀的鐵絲之類的物體。
⑤畫有漩渦狀的紙類。

其中最好的是①，而⑤的效果最差。

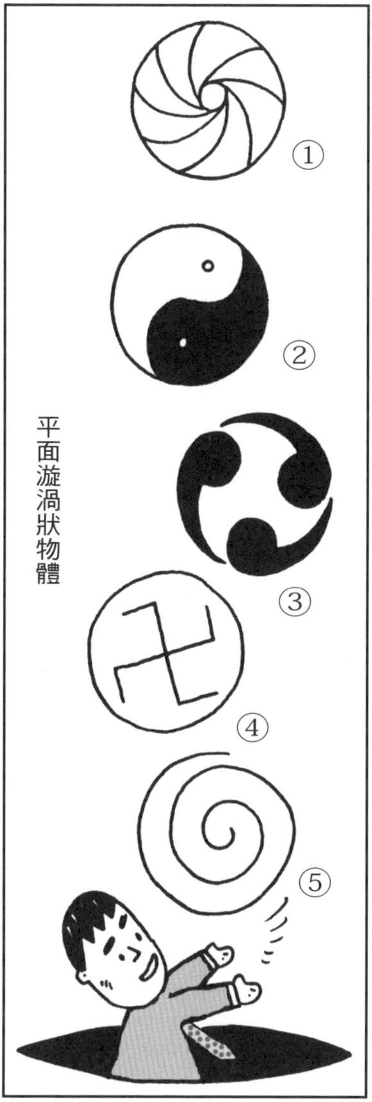

◎現金——

這和放置金塊的效果差不多。經常在錢包裏放置現鈔——零錢不行——時，很神奇地就會有金錢上門。

如果皮包內常常放置十萬圓左右，明明有所支出，卻不會減少。假設錢額是三十萬圓的話，出乎意料地就會不停地有錢財滾滾而來。這也許和儲金簿的情形一樣，錢包已經具有招財進寶的神通了。

另外，金融卡則無此效用，不是真正的有錢人，帶著它反而愈形貧窮。因為沒有錢財上門，卻帶著它到處散財。

以「氣」的觀點來說，它是使財「氣」變成不足狀態的道具。而想要賺錢的人，一定要牢記此點，不要隨便濫用金融卡（或信用卡）。

最後介紹利用「氣」的力量使錢包內錢財滿貫的方法。

(3) 利用「氣」的能力使錢包吸收金錢的秘訣

這個技巧重點在於使「錢包」具有吸收錢財的神通，所以和以往所談的秘訣略有不同。

①做法很簡單，拿出錢包放在左手上，豎起右手食指，指向錢包。

②接著，右手食指以順時針方向由外側往內描繪漩渦狀，當畫到中心點時，再重新回到外側，依程序反覆數次到數十次。

必須注意的是，千萬不可以用相反方向描繪漩渦狀。因為如果由中心點往外側描繪漩渦狀時，會使錢財由錢包散失殆盡。

另外，環繞的方向並不成問題，只要是由外側↓中心，不論是順時針或反時針都可以。

如果錢包內放有漩渦狀的獎章類物品，在操作這個秘訣時，效果會倍增，不過，此時要留意物體的紋路方向，在操作手指環繞動作時，方向必須與它一致。

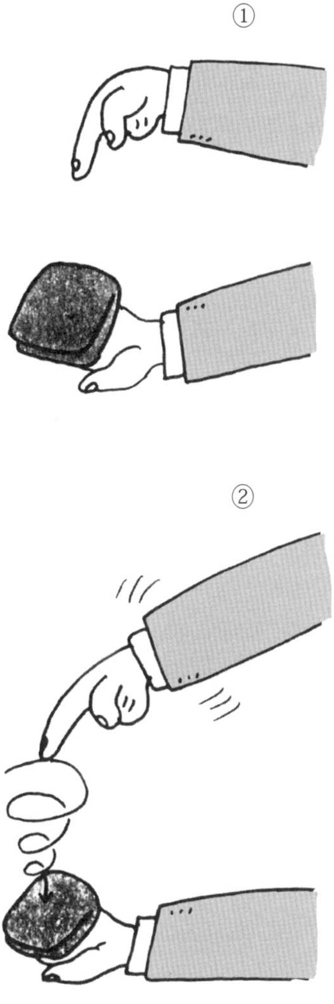

利用「氣」的能力

■利用「氣」的力量使金錢物質化↓對象具體訓練

接下來要談的秘訣，可能予人較超自然的印象。稱作「仙道帝王招財術的願望達成法」。

以往所介紹的秘訣，多半利用意識的力量來達成目的，而仙道式的願望達成法，其運作的工具是「氣」。

因此，在操作方法上完全不同。以往都是利用意識的集中↓形象化↓達成願望，而仙道式的做法是形象↓「氣」的集中↓對象的具體化（視覺化、觸覺化）↓願望達成。

這兩者間的效果當然有別。原因是所使用的能力強度不同。以往的秘訣只有意識的力量，而仙道式是利用強化之「氣」的功效。

也許有人會懷疑，「氣」的神通廣大。那麼，就先粗淺地說明一下我們仙道中所鍛鍊「氣」的威力吧！

譬如，修練仙道的外功法一年左右的初學者，就能利用其「氣」擊退木材或石子等的打擊。而到了我們這種程度的人，只要用手碰觸，就能把人推倒數步之遠，非但如此還可以單身舉起電線桿或大樹來耍弄一番。

當然，這種「氣」力光是如此發揮，並不能招來財富，想要招財進寶，必須再配合意識法或集中法，甚至超視覺的開發等秘訣。

如果能夠身具這些能力，其產生的效果就非一般人可相比。賢明的讀者應該知道如何取捨了

(1) 利用仙道中「氣」的冥想法後，使財具體化的秘訣

本書是以「財」為主要的談論要點，所以，就以財為例來說明仙道式願望達成法的秘訣。如果所渴望的是其他的事物時，就把對象改變一下即可。

假設所希望達成的願望是一百萬圓，其操作程序如下：

①閉上眼睛，在心中想像一百萬圓的大鈔，仔細地描繪其厚度及觸感等等……到此為止和普通的意志力的方法不變。

②接著朝向栩栩如生的景象——必須形象清晰，不可模糊——，亦即所渴望

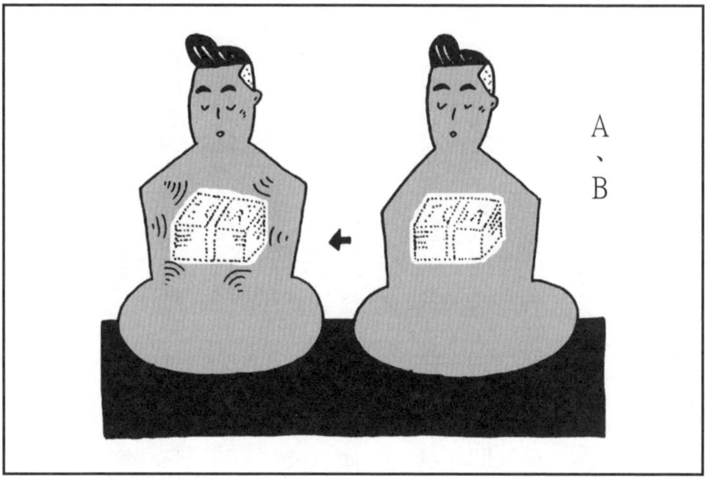

的一百萬圓大鈔貫注「氣」。這個操作方法有許多種，最常使用如下的秘訣。

A　正如「黃金之『氣』漸漸湧入體內」的冥想中所介紹的一樣。從四面八方向一百萬大鈔泉湧似地噴氣，而此景象漸趨具體化。這是第一招。

B　從自己的體內散發出「氣」，不停地往所意識的對象貫注，此景象漸趨具體化。這是第二招。

C　視覺上的構形力——超視覺或靈視能力特強的人，以意識力將心中的一百萬圓大鈔形體化，直到宛如真鈔歷歷在目。當然還要併用A、B的技巧。

D　當大鈔的形象發出閃爍光芒，最

後產生了觸覺的感受，這個視覺的想像才告停止。

從此之後，突然有一天會從意料之外的地方，鑽出所意識的錢額到你的身上。

當然，初學者沒有達到這種程度也可以。只要所意識的對象好像呈現實體的感覺時，所渴望的東西仍然會落到你手中。

不過，如果金額鉅大或者經常操作這個秘訣時，所意識的內容必須相當現實化。

以我的觀點來說，這種現象大概是朝著對象輸送「氣」，使它具體化的過程中，該形象藉由「氣」的能力而實體化，最後從虛空中蛻變而來——這好比量子力學的電子形成過程，讀者們也許不信，但是有過這種經驗的人，大概會同意我的說法。

其實，關於這點還有一則令人瞠目咋舌的實例。一般人包括我在做這個秘訣後，都是間接地獲得金錢，卻有一個人直接得到了金錢。

他的名字叫加藤，住在大阪。當時他還是一名學生，為了參加某海外研修活動，因為急需二十萬～三十萬圓，就施行這項秘訣。

而且令人不可思議地，在操作這個秘訣後，所意識的金額竟然變成現金。

這個事實的確叫人難以置信，下面是他的經驗之談。

「我記得有三次。第一次是在自己的房間內做冥想時。滿腦子想著錢，突然睜開眼睛一看，在房間的角落，發現一包像是報紙或垃圾的東西。那時我腦中出現了這樣的念頭：『那要是金錢就好了。』就在這瞬間，那個像垃圾的東西突然看起來像是現鈔。我再仔細一瞧，的確是現金沒錯。拿起來一看，真的是二張一萬圓大鈔。內心覺得非常奇怪，但既然是錢就把它收起來。」

「以後，奇怪的事接連地發生。也是在自己的房內，這一次跑出五萬圓。和第一次一樣，原來看起像是紙屑或枯葉的東西，拿到眼前就變成現金。而這次的數額是五萬圓，倒令我擔心起來，說不定是家裏的人掉的。於是問了家人，卻沒有人掉過錢。雖然覺得怪怪的，但是，是在自己的房裏拿到的，也不算是別人的遺物。所以和前次一樣，把它收好在抽屜裏。」

「第三次已經不容置疑。這次也是在自己的房內冥想，想著錢啊！錢啊！就彷彿看見一堆紙屑。心想難道又有錢來了嗎？那一堆紙屑突然變成現鈔。這一次的數目非常多，拿起來一看有二十萬圓之多。由於數額鉅大，我又起了擔憂，再詢問家人有無遺失錢財，而每個人都說沒有。至於現鈔所在位置，絕不可能是從外面投遞進來的。不過，經由這二、三次的類似經驗，的確是從莫名其妙的地方突然跑出錢來了。」

結果，他不費吹灰之力就湊足參加研修活動的三十萬圓費用。同時還聽說當急需的錢財上門之後，就不會有類似的情形發生了。

聽了加藤的經驗，好像一則神怪故事一樣，不過，事實如此也不容存疑。目前他已經畢業，而且有了固定收入，所以聽說不再有類似的「神通」了。

總而言之，從這則經歷中也可明白，像錢財的現金化的現象，大概只屬於不必太過勞動者的奇蹟性專利。

但是，即使沒有這般的好運氣，只要操作這個秘訣，雖然不能直接地獲得金錢，也一定能間接得到財富。所以，希望讀者銘記在心，好好試一下看看。

4.絕對使您受益的「氣」處世術

◇◇◇◇◇◇◇◇◇◇◇◇◇

■活用「氣」的上班族賺錢術、處世術

我有一位朋友叫N先生。他是服勤於NTT的忠實上班族。不過，他私底下拜託一位經營旅行社的朋友，承包一輛巴士，開始從事販賣折扣機票。

從事這項工作的最大原因是，他自己經常必須往國外跑，所以，賣機

◇◇◇◇◇◇◇◇◇◇◇◇◇

票只是順手之勞。只是如果業績不見起色，翌年就無法租用到巴士。

所以，他一方面忠實地在日本電信局（ＮＴＴ）上班，一方面就向周遭的朋友遊說旅行的好處，當對方覺得有興趣時，就介紹他們到朋友的旅行社，自己從中賺取仲介利益。

不過，他既無辦公室也沒有雇用員工，一切經費都省下來。所以，他所販賣的機票比一般的優待票還要便宜。在如此良好的口碑下，公司的顧客與日俱增，生意大為興隆。

對於我們這些朋友，也經常打電話來囉嗦：「有朋友要去國外旅行，介紹一下哦！」由於他的機票實在比較便宜，而且有時候還會給我們一些回扣，所以，就經常替他介紹生意。

在這種經營方式下過了五～六年。這當中他本身所擁有的固定客戶已經比朋友的破舊旅行社要多。當然所獲得的利益也直線上升，雖然身為上班族，卻是家財萬貫的大富翁。

以Ｎ先生的情況而言，他是在上班之餘從事旅行業的工作，就和一般上班族所做的副業一樣，並不受這項多餘的工作及時間所限制。

所以，一些上班族經常抱怨受工作上的限制，無法從事賺錢的活動，在看到N先生的實例之後，有何感想呢？能不能賺錢，和自己從事的行業並無絕對的關係，重要的是個人思考模式及其生活方式的差別。

N先生以我們修練仙道的人看來，是個極其普通平凡的人。但是，卻憑他個人智慧及手腕有了今天的成就，所以，認為自己身為上班族就沒有發財可能的人，只是對自己怠惰懶散不求進的藉口罷了。所以，在此鄭重地叮嚀各位上班族，千萬不要妄自菲薄，賺錢的機會掌握在自己手中。

以下所介紹的秘訣，特別是針對上班族所考察出來的仙人式招財術。即使是二十四小時必須辛苦勞動而怨聲載道的你，也可以輕易地熟習，希望大家多多利用，都發大財成為有錢人。

(1) 上班族的招財升官術

這是利用仙道上的秘訣，使上班族獲得財運及升官運的方法。

根據每個人所屬的職種及地位，所應用的秘訣也不同。譬如，管理階層者和一般的職員，其所處的狀況及職種內容就不一樣。以筆者的經驗，同是上班族又可以分成管理職、營業人員及一般職員等三種，所以，接下來所談的秘訣也依此而做分類。

①一般職員的上班族招財術、成功術

這一階層的人在上班族當中，是與金錢最無緣的人。屬於這個階層者，想發財致富的話，就實踐下面的秘訣吧！

A、找有賺頭的兼差——每天就一個念頭想著「好的兼差來啊！」其操作技巧完全和前述的吸引金錢及工作的秘訣一樣。要領是每天發自內心地祈願「兼差快來」，耐著性子每天反覆操練。

在做這項秘訣時，絕對要摒除腦中的負面念頭，譬如「反正不會有用的！」「啊！真麻煩！」因為一旦心生此念時，一定不會成功的。

B、吸引升官之機——第二項要訣是吸引升宮進階的機會。換句話說，要抓住升格為管理階層一般與金錢、時間有緣的職位。其方法與A項同，利用意識及「氣」的能力，在心中祈願著「來啊！來啊！」

②營業人員成功的秘訣

這個階層除了上班的收入之外，多少和財運有點因緣關係，接著就來談談他們的招財術及成功術。

A、有佣金制的營業人員——從事營業關係者若有佣金制時，就採用下面的方法。

☆利用吸引金錢及工作的秘訣，拉拔許多工作，或者拉拔客戶也可以。

我傳授給營業關係的上班族的方法中，以下面所陳述的比較有效。在早上上班之前，必須先在家裏做此項秘訣後再到公司——因為到了晚上由於工作疲勞，「氣」就虛而不足，可能不太能奏效。不過，夜職者就另當別論。而到了公司之後，仍然在心中呈現意識之手，不停地操作這個秘訣。

☆如果是從事突擊拜訪的營業人員，在進入目標中的公司或民宅之前，就在心中強烈地默誦「喂！工作上門啊！」再進入屋內。操作這個秘訣時，推銷工作能否順利進行就能預測得八九不離十。

☆如果是在客戶出入的場所——譬如是在店鋪之類的場所從事營業時，就在心中出現一雙意識之手，向往來於商店外的客戶拉引到店裏來就可以了。

B、非佣金制的營業人員——同樣是營業工作，但是該營業項目並不直接關係到收入者就使用下面的秘訣。

☆默誦「經費來啊！」使經費能多加利用。冥想著經費滾滾而來也是方法之一。然後再把所剩餘的經費儲存起來，應用於投資方面的增進財源。

☆如果營業成績提高，可能會有升官進階的機會時，就儘量拉拔工作以創業績。或者先認真地打好業績之後，再拉拔所期望的職位。也可以直接對著擁有人事權的人，施以強烈之「氣」，默禱著「喂！給我好的職位啊！」

③成為管理階層者的秘訣

以筆者的經驗，再怎麼不起眼的管理階層者，不僅可以使用龐大的經費，又比一般的上班族擁有更多的自由時間，而相對地其所得高，可以投資各種賺錢的機會，手頭的盈餘潤綽多了。

上班族想要發財致富時，至少要成為營業人員，而儘可能地往管理職努力。

話雖如此，要成為管理階層者可不容易。但是，也不可因此而氣餒。先來談談成為管理階層者所必備的最低條件。

一、要比一般人更精力充沛。缺乏這項條件就妄談管理職了。如果沒有過人的耐久力，是無法勝任此要職的。

二、要具有洞察力、觀察力。欠缺這種智慧時，立刻會露出破綻而失去頭銜。這也是成為管理職不可或缺的條件。

至於其他的要素，譬如要有一點格調、有好的教養等，這些都是可以改正的要素，並不成為管理職的必要修件。

所以，問題的癥結就在於個人的能力以及洞察力等二大必要條件上。

事實上，這二大要素只要做仙道的修行，就能輕易地獲得。其做法接下來就為您詳細解說。

A成為精力充沛者的要訣

若想要成為精力充沛的人，只要強化仙道中所說的「氣」即可。具體的做法有下列幾種。

☆黃金之「氣」的同調冥想、財氣同調法、吸收法等。另外第二章以後所談的秘訣，都有助於「氣」的強化。

事實上若是身具財「氣」的人，在上班族當中都會出人頭地。

☆正統的仙道──這都有助於強化「氣」。特別適合初學者有下列三項。

・仙道食養法。

・仙道內功──尤其是調息、武息以及下腹、肛門的強化運動（拙著《秘法！超級仙術入門》）。

・仙道外功──動功、練氣功（拙著《超人氣功法》）。

以上都有助於「氣」的強化，不過，對仙道完全是門外漢的人而言，可能還不懂其內容，為了供作參考，就簡介一下這些訓練法的一部分。

●利用仙道內的「氣」的強化訓練

接下來要介紹的方法，不限時地，而且效果奇佳。在仙道中稱此為武息二式（B）。

①先坐下來。坐的方式自由，可坐在椅子上，也可盤腿而坐。盤腿的

方式也可單盤膝（盤腿的一腳置於另一腳的膝上）或雙盤膝（如坐禪似地雙腳置於雙方的膝上）。主要能坐得長久才好。

②決定坐姿後，從口中長長地吐出氣來，再猛然地由鼻腔吸住氣。這時肛門要緊縮著。

③然後貫注意識在下腹上，屏住氣息，下腹做四十～五十次強烈的擺動。

儘可能地好像連內臟都在晃動般強烈擺動。

④當下腹搖動四十～五十次之後，再徐緩地從口中吐出氣來，並且慢慢地放鬆肛門。然後，再從鼻腔吸足氣，反覆同樣的動作。

每天操作這個練習半個鐘頭到一個鐘頭。如果認真地做，一個月左右，精力就變得強盛起來。初學者在一次的停止呼吸時，恐怕無法擺動下腹四十～五十次，所以，先從二十～三十次左右挑戰起。

另外，如果沒時間做此項練習的人，可以試試下腹與肛門的強化法（如前述）。找空暇時候一天做上四十～五十次，自然就擁有強盛之「氣」。

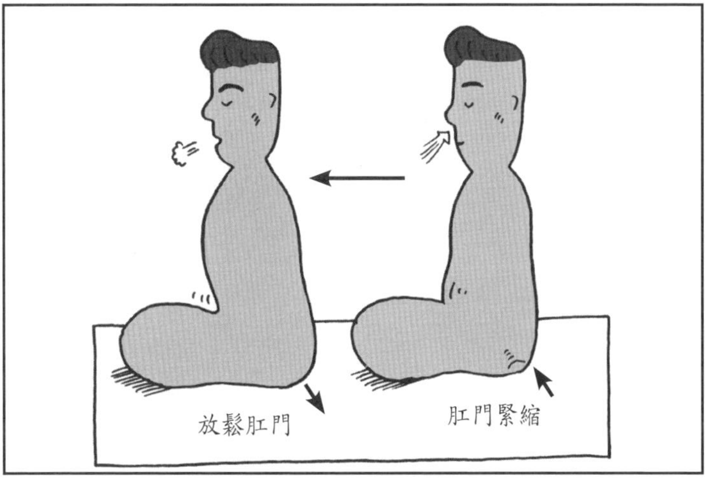

B增進洞察力、判斷力的仙道秘訣

這個範疇其實是仙道最得意之處，當「氣」的感覺相當敏銳時，自然就擁有這項能力。

當自我訓練到懂得「氣」的感覺之後，再操作下面的秘訣。

☆確認「氣」質的不同

首先利用手掌去體會別人所散發出來的「氣」的不同。譬如覺得溫熱，或覺得冰冷，是強烈的或是微弱的，仔細地感覺其不同之處。

開始時可能只感覺到物理上的「氣」的差別，不過，假以時日就有陽氣之感或焦躁之感、擔憂之感等表示意識狀態的感

覺出來。

如此一來，就漸漸地不需要靠雙掌的感應，而能夠以全身來感覺「氣」了。

當這個感覺在任何時地都很敏感時，不久對於對方的思考、心中的渴望都能易如反掌地洞察清楚。

身為上班族若具有這種能力時，一定可以成為管理階層者，而且更好的職位、頭銜一定會往這種人的身上貼近，總而言之，前途是一片錦繡光明。

談了這麼多，最重要的還是要自己身體力行。從今天起就拋開腦中的負面觀念吧！最好實際地去挑戰看看。

■依行情變動的招財術可行否

在向人傳授仙道帝王招財術時，經常會有人問起：「這種仙術秘訣是否可以應用在股票或外匯市場的操作上？如果可以，請務必賜其秘法。」

的確，我是在傳授著一種看似具有相當超能力的、神奇招財術，所以有心人似乎在預測未來的「賺錢之道」來問我，當然極其自然。

不過，在此，請恕我說一句或許會令人洩氣的話，就是「請不要在此枉費心機了」！

為什麼？理由很簡單，因為一旦只要個人有一點誤判，將會帶來無可挽回的損失。

如果單只是從虛空中招引財氣，即使失敗了，也不會有一分一毫的損失。換言之，既不能變多，也不至於變少。

但是，股票、外匯的買賣可就不同了，雖然施了神仙妙法，可是若有一點閃失，一定會出現損失。真的想實實在在賺錢的人，最好還是去投資較具體的事。

說明至此，或許又會有人疑惑地問我：

「仙人招財術既然能從虛無中招引財氣，但卻無法保證有形的投資到百分之百的成功，這豈不是很矛盾嗎？」

對於這個問題，我要解釋的是「這並不是所有的人都不能做。問題是，一般人的功力根本就不夠」。

事實上，某些類型的人就有可能運用仙人招財術在股票、外匯買賣的操作上。大致說來就是下列類型的人。

①對輸贏極端有轉氣的人——其轉氣之強，可以讓此人藉以謀生的程度。

②對股票或外匯等投機事項，有著過人的興趣。

③和金錢很有緣，而且對「氣」有高度敏感的人。

上列類型的人，再修練到仙人招財術的訣竅，就有可能在投機市場淘金。

正因為如此，所以對於這些類型的人，我決定傳授下列幾招秘訣，提供修練之道。

(1)利用現況的仙人招財術的秘訣

首先，對於有心要嘗試後面即將述及事項的人，請先照下列前提來過濾一下自我。

☆身上的確擁有一大筆閒錢。以目前的環境來說，至少也得有五十～六十萬圓。因為要是沒有這個數量的錢，怎麼可能會安心地買一～二張股票呢？

☆利用仙人招財術的秘法（從虛空中招引財氣的秘法）而一次就能賺進以數萬圓為單位的錢財。

至少以上二個條件都能具備的人，才有繼續嘗試下列秘法的意義。

①將手掌蓋在報紙的證券版上……首先，將報紙的證券版攤開。然後將一手的手掌放在上面，再稍稍往上提起。將意識集中在食指與中指，手掌各指要自然地併攏。此時，人將會感覺到，那個密密麻麻刊載著公司名與股價的紙面，正放射著一股「氣」。然後，再將手掌上下左右稍做移動，去感覺是否有「氣」最強的地方。如果確有其處時，就應用下面介紹的方法去嘗試。但是，如果其感覺並

不是很清晰，絕對不可以去嘗試，因為做了一定會失敗。

接著，以此感覺為基準，讓手在證券行情欄上極緩慢地移動，以確定出有最強的氣發散出來的地方。請用鉛筆將該處圈劃出來。又施行這個動作時，如果施行者只是對有輸贏的事有強轉的人或對氣非常敏感的人，其在動作的過程中自始至終一定要保持手與紙面同等的距離和同樣的態勢。還有就是施行者本身如果對股市行情非常有研究而熟悉的人，其效果更好。

②將手蓋在公司年鑑，或業績介紹之類的書類上……前述利用報紙證券版的做法雖然不錯，但是有一缺點，即所記載的公司行號字體太小又密集在一起，識別上比較困難。業種別可能比較容易抓得出來，至於要明確地找出是哪一家公司最有「強氣」」那可就很困難了，畢竟人的手指寬幅是大過報紙上的文字。

為此，假如來轉用像「公司四季報」，對各個上市公司的營運狀況有個別詳細介紹的書類，可就確實得多了。

首先，由報紙的證券版找出最有「強氣」的業種。接著要將刊載在「四季報」上屬於業種的公司全部找出來，再用手掌放其上方進行感應——用手掌全體

而不是手指。

如此一來，雖然所感應的對象是屬於同一種業種，但其個別所散發出來的氣，其強弱還是不同的。

③利用股價的日線圖……利用②的方法，就大致可以感覺到股價將會上升或下降或盤整亦或持平下。不過，要想得到更正確的資料，就是要進一步利用股價的日線圖。

作法是，將對象股票最近幾週來的股價線圖攤開，將手掌置其上方，用手指來感覺其走勢的傾向。一般說來，其圖表的右側所發出的氣一定會比左側的強。如果確實能夠捕捉到這個感覺後，再將手指移往紙上尚未畫有線路的空白部分上。

假如在手指尖上感覺到上方有一股強氣正源源不斷地在發散著時——我個人試行時是感覺上方有一股氣在拉引著我的手指——就表示該股票的股價上揚。

相反地，如果感覺氣是在下方——我的情形是感到手指有被往下拉引的感覺——就表示該股價將會下跌。

綜合實施以上的①②③，就能看出股價的動態。

④用幻想來捕捉股價的走勢……道行淺的人大概頂多只能做到①～③，但如果道行深的人，可進一步利用幻想來預測行情。其施行法如下：

首先從①做到③，馬上再度凝視著股價日線圖，把整個線圖牢牢地刻印在意識裡。然後閉上眼睛，用心凝視著線的前端。此時，修練夠的人將會發現，線會開始延伸出來。這個延伸出來的部分就是股價未來的走勢。這種股價線延伸出來的現象，給人的感覺也是不一而足的，有人也說不出一個所以然來，有人則覺得像看見一條閃爍的亮光在移動。

一般說來，那些具有超能的人看得最清楚，其次就是有超強集中力的人。對氣的感應很強的人大概也可以稍微感覺出來，至於一般的普通人可能是若有若無的感覺。

以上就是利用氣的力量來攻掠股票買賣的方法，當然這種方法若是應用到外匯或期貨的交易上，也會有同樣的效果。實際上的轉作如下：

(2) 利用氣來觀測股票以外的市場

①利用每天報上所刊載的價錢表——例如外幣兌換的變動、黃金的價格等——做法與前同。手掌置於價格表的上方，來感覺其氣的強弱，並測出其上升或下降的程度。要達到這種地步，需要長時間的修練。

②利用價格走勢線圖——方法也跟利用股價日線圖的做法一樣。用手指的部分置於最新的線圖，其走勢的尾端空白部分。

股票之外的變動，其「氣」較弱，所以不太能感到其變動，因此，應該說是比較沒趣味。

以上，本書所介紹的股票招財秘訣，是我及數位弟子——都是股票族中人，所開發出來的。至於我個人，事實上對於股票之類投機性的東西是絕不沾手的。因為既然可以從虛空中招引錢財，又何必去做那些事呢！

畢竟不需要對其它事情太用心就能招金引財，這才是仙人招財術的極意。

■最重要的並非才能而是願望

閱讀至此，您是否已經明瞭仙人招財術是為何物？

或許有人還懷疑需要某種程度訓練才有辦法達成的技術，並不是自己可能做得到的。

如果您真是如此沒有信心，那麼，最後我再傳授您一個秘訣。

這個秘訣就是「最重要的，並非才能而是願望」一句話。

一樣是實施同一種技術，有超能或集中力強的人，就會比一般人較容易獲得效果。但是，心中具有非常強烈願望的人，有時反而會得到超過想像的效果。

這個道理不用說大家都會知道。這種力量——願望的力量強烈作用的結果，是能補拙技法不足之處。

這「抱著強烈的願望」，絕不是什麼特別的術法。只是人在其心中堅定地認為，無論如何非有它不可，或有著希望自己一定要達成某事的想法。

在本書中我已介紹幾個我的弟子親身經歷，所以這絕非虛而不實之論。

在我的眼裡，其實我的那些弟子，都還不能算是修練仙道術有成者。可是他們照樣還是能夠招金引財而至。究其原由，最主要的應該說他們都抱有強烈的願望吧！

當然，每個人的目的或許各有差異，有人一開始就期盼著賺大錢，但也有人只是想單純修練仙道術而已。

然而不管如何，就因為他們的願望那麼地強烈，所以即使其技法尚拙劣，最後仍然可以達成目標。

從這些事實中，我們可以很清楚得到一個結論——「最重要的，並非才能而是願望」。

回想起來，我不也是因為一心想借仙道而悠哉過活而過來的嗎？這簡直可以說，是我一心向道的願望而將我拉引至如今的地步。

只要擁有強烈的願望，不管如何將會將人拉引至願望的目標處。即使這個願望單單是想賺錢的願望也可以。

如果能夠修練本書中所介紹的各種術法，所謂的仙道將會在不知不覺中自來附身，而使人成為最高的自由人，成為仙人的化身。所以，敬請努力修練不懈，以達其成。在此衷心地冀望修練有成。

彩色圖解太極武術

定價220元

定價220元

定價220元

定價220元

定價350元

定價350元

定價350元

定價350元

定價350元

定價350元

定價350元

定價350元

定價350元

定價220元

定價220元

定價220元

定價350元

定價220元

定價350元

定價350元

定價220元

定價220元

定價220元

養生保健 古今養生保健法 强身健體增加身體免疫力

定價250元 定價250元 定價250元 定價220元 定價220元 定價200元 定價160元

定價180元 定價250元 定價250元 定價250元 定價250元 定價180元 定價420元

定價300元 定價250元 定價180元 定價200元 定價360元 定價360元 定價230元

定價250元 定價230元 定價250元 定價200元 定價250元 定價200元 定價400元

定價280元 定價400元 定價300元 定價300元 定價180元 定價200元 定價200元

定價350元 定價400元 定價200元 定價280元 定價200元 定價180元 定價200元

定價280元 定價280元 定價200元

太極武術教學光碟

太極功夫扇
五十二式太極扇
演示：李德印 等
(2VCD)中國

夕陽美太極功夫扇
五十六式太極扇
演示：李德印 等
(2VCD)中國

陳氏太極拳及其技擊法
演示：馬虹(10VCD)中國
陳氏太極拳勁道釋秘
拆拳講勁
演示：馬虹(8DVD)中國
推手技巧及功力訓練
演示：馬虹(4VCD)中國

陳氏太極拳新架一路
演示：陳正雷(1DVD)中國
陳氏太極拳新架二路
演示：陳正雷(1DVD)中國
陳氏太極拳老架一路
演示：陳正雷(1DVD)中國
陳氏太極拳老架二路
演示：陳正雷(1DVD)中國
陳氏太極推手
演示：陳正雷(1DVD)中國
陳氏太極單刀・雙刀
演示：陳正雷(1DVD)中國

郭林新氣功
(8DVD)中國

本公司還有其他武術光碟
歡迎來電詢問或至網站查詢
電話：02-28236031
網址：www.dah-jaan.com.tw

原版教學光碟

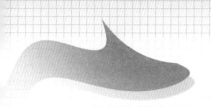

歡迎至本公司購買書籍

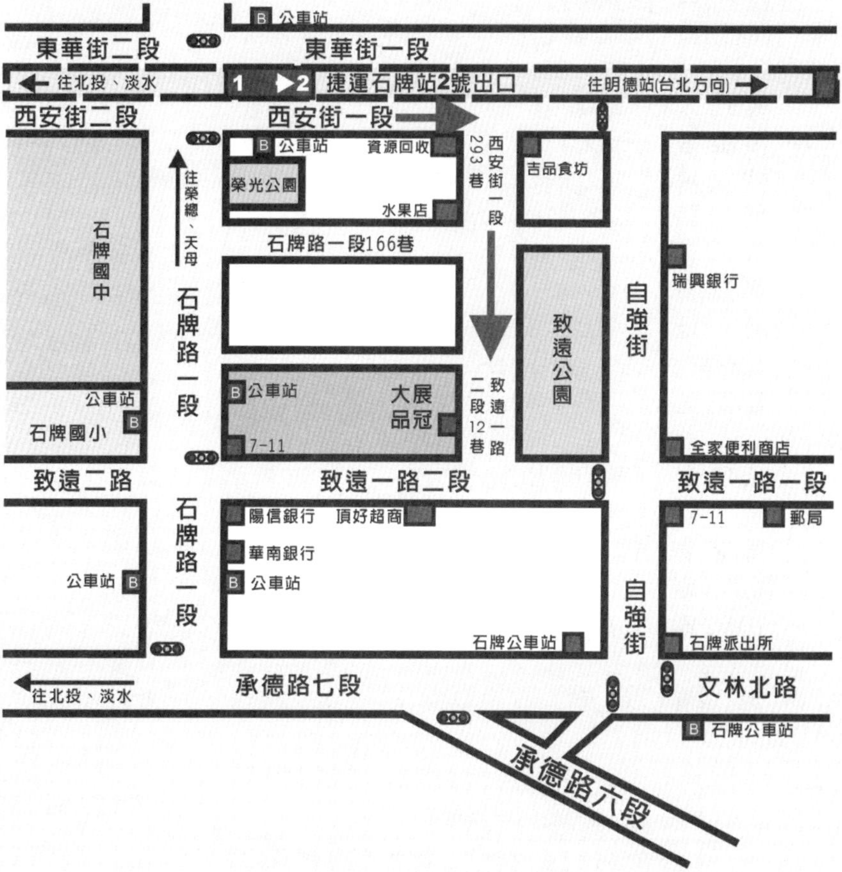

建議路線

1.搭乘捷運・公車

淡水線石牌站下車，由石牌捷運站2號出口出站(出站後靠右邊)，沿著捷運高架往台北方向走(往明德站方向)，其街名為西安街，約走100公尺(勿超過紅綠燈)，由西安街一段293巷進來(巷口有一公車站牌，站名為自強街口)，本公司位於致遠公園對面。搭公車者請於石牌站(石牌派出所)下車，走進自強街，遇致遠路口左轉，右手邊第一條巷子即為本社位置。

2.自行開車或騎車

由承德路接石牌路，看到陽信銀行右轉，此條即為致遠一路二段，在遇到自強街(紅綠燈)前的巷子(致遠公園)左轉，即可看到本公司招牌。

仙道帝王招財術

原　　著｜高藤聰一郎
編 譯 者｜賴郁珊
整　　理｜陸明

發 行 人｜蔡孟甫
出 版 者｜品冠文化出版社
社　　址｜台北市北投區（石牌）致遠一路 2 段 12 巷 1 號
電　　話｜(02)28233123 · 28236031 · 28236033
傳　　真｜(02)28272069
郵政劃撥｜19346241
網　　址｜www.dah-jaan.com.tw
電子郵件｜service@dah-jaan.com.tw
登 記 證｜北市建一字第 227242 號

承 印 者｜傳興印刷有限公司
裝　　訂｜佳昇興業有限公司
排 版 者｜千兵企業有限公司
初版 1 刷｜2014 年 9 月
初版 2 刷｜2023 年 7 月

定　　價｜200 元

國家圖書館出版品預行編目 (CIP) 資料

仙道帝王招財術 / 高藤聰一郎原著；賴郁珊編譯；陸明整理
— 初版 — 臺北市，品冠文化出版社，2014.09
面；21 公分 — (壽世養生；16)
ISBN 978-986-5734-09-1 (平裝)
1.CST: 術數　2.CST: 理財
290　103013365

大展好書　好書大展
品嘗好書　冠群可期

大展好書　好書大展
品嘗好書　冠群可期